집중력, 마법을 부리다

# conZentrate

샘 혼 지음 | 이상원 옮김

conZentrate

# 집중력, 마법을 부리다

원하는 모든 것이
잘 풀리게 하는
몰입의 기술

갈매나무

—CONTENTS

## TRACK 3 · 미루는 습관을 버리는 연습

## TRACK 4 · 일이 술술 잘 풀리는 사람의 몰입 기술

## TRACK 5 집중력, 나의 하루를 바꾸다

## TRACK 6 무엇이 몰입을 방해하는가

## TRACK 7 집중력, 마법을 부리다

# 원할 때마다 원하는 만큼
# 집중할 수 있다!

춤을 출 때면 춤을 춘다. 잠을 잘 때면 잠을 잔다.
아름다운 정원을 홀로 걸을 때 내 생각이 멀리 달아나면
나는 다시 정원으로, 산책으로, 달콤한 고독으로,
나 자신으로 생각을 끌어온다.

몽테뉴Michel de Montaigne, 사상가

지금 이 순간에도 전화벨이 울린다. 당신 앞에는 사람들이 계속 오가고, 해치워야 하는 일들이 예닐곱 가지나 쌓여 있다. 이런 상황에서도 지금, 하는 일에 마음을 집중하고 싶은가? 어떻게 몰입의 상태에 이르러 최고의 능력을 발휘할 수 있는지 알고 싶은가? '여기, 저기, 오만 곳' 대신 '지금, 여기' 있는 법을 배우고 싶은가?

그렇다면 이 책이 도움이 될 것이다. 이 책은 어렵고 복잡한 이론을 담고 있지 않다. 멀리 마실 나간 마음을 붙잡아 집중하는 데 이론은 별 소용이 없기 때문이다. 그보다 원하는 때, 원하는 시간만큼 원하는 일

에 집중할 수 있는 방법을 알려주고자 한다. 이것이 이 책의 목표이며, 이를 위해 이 책에는 다음과 같은 내용과 방법들이 포함되어 있다.

- 주의 집중 시간을 늘리기
- 시끄럽고 산만한 사무실에서 업무에 집중하기
- 평정심을 잃지 않으면서 이 업무에서 저 업무로 신속히 옮겨가기
- 피곤하고 지루할 때 주의 집중 상태를 유지하기
- 언제 어디서든 마음의 평화를 갖기
- 최고의 집중 상태를 경험하고 유지하기
- 괴롭거나 성가신 생각을 차단하기
- 이름, 자료, 일상 업무에 대한 기억력 향상시키기

나는 이 책을 쓰면서 매우 즐거웠다. 독자 여러분도 부디 즐거운 독서 경험을 하길 바란다. 되도록 짤막하게 나누어 구성했으므로 자투리 시간에도 얼마든지 읽고 요긴한 도움을 받을 수 있을 것이다. 또 할 수 있는 한 웃음이 터질 만한 일화, 곰곰이 생각해볼 수 있는 인용구, 여러 사람의 성공 사례 등을 많이 담고자 했다. 남들이 어떤 방법을 썼고 어떤 성과를 얻었는지 간접적으로 경험할 기회가 될 것이다.

자, 직장에서, 집에서, 학교에서, 인간관계에서 정말로 중요한 것에 집중하는 방법을 배울 준비가 되었는가. 그렇다면 어서 다음 페이지를 넘겨라.

# conZentrate

우리의 목적은 두뇌가 이성적인 목소리에 복종하도록, 그리고 해야 하는 일을 해야 하는 때, 해야 하는 방식으로 처리하도록 만드는 것이다. 꾀부리고 놀고 싶은 충동, 더 나아가 파괴적인 충동을 억누르고 건설적인 생각과 이미지, 건설적인 행동에 집중하도록 하는 것이다. 자, 그러면 이제 질문이 등장할 차례다. 어떻게 해야 그렇게 되는 것일까?

## TRACK 1

# 원하는 대로
# 마음을 조정하는 힘

당신이 종일토록 하는 생각. 그것이 바로 당신 삶이다.
_랄프 왈도 에머슨Ralph Waldo Emerson, **작가**

# 01 ── 덜 중요한 다른 일들을 순간적으로 잊어버리는 연습

**몇 시냐고 물을 때마다 다른 대답을 듣게 된다.**

헤니 영맨Henny Youngman, 코미디언


나도 영맨과 똑같은 입장이다. 집중하는 것이 무엇이냐고 물을 때마다 다른 대답을 듣게 되니 말이다. 뉴욕 메츠 구단의 감독을 지냈던 웨스트럼Westrum은 "야구는 교회와 같다. 보러 오는 사람은 많지만 이해하는 사람은 거의 없으니까"라고 했다. 집중이라는 것도 마찬가지다. 매일 집중을 하지만 집중이라는 것이 어떤 의미인지, 얼마나 중요한지 제대로 이해하는 사람은 별로 없다.

집중에 대한 다음 다섯 가지 정의는 사전적인 의미와 새로운 접근 모두를 포함하고 있다. 하나씩 읽어 내려가면서 언제 이런 집중 상태를 경험했는지 떠올려보자. 어디서 무엇을 하고 있을 때였는지도 생각해보라. 그 집중 상태가 얼마나 기분이 좋았는지 몸으로 다시 느껴보는 것이다.

### 정의 1 집중은 마음을 하나로 모으는 능력이다

찰스 디킨스Charles Dickens의 작품 속에는 '매번 오로지 그 일 하나밖에 없다는 듯 열중하는' 인물이 등장한다. 이렇게 일 하나에 온전히 열중하는 것은 사실 어려운 도전이다. 사람들에게는 해야 할 일들이 늘 너무나 많기 때문이다. 집중은 덜 중요한 다른 일들을 순간적으로 잊어버리는 것이다. 물론 그 다른 일들이 아예 중요하지 않다는 뜻은 아니다. 다만 지금 우리가 선택한 최우선 순위의 일보다는 덜 중요한 것이다.

### 정의2 집중은 행동으로 나타나는 관심이다

너무나 몰두한 나머지 하던 일과 하나가 되어버린 때가 있는가? 훌륭한 소설을 읽을 때, 흥미진진한 게임을 할 때, 정원을 가꿀 때 자기를 잊고 몰두하던 순간은 얼마나 짜릿했는가? 중요한 경기에 임하는 운동선수들도 가끔 이런 순간을 경험하곤 한다. 무엇을 하고 있는지조차 의식하지 않고 그저 하는 상태 말이다. 이렇게 온몸과 마음, 신경을 모을 때 몰입에 이를 수 있다.

### 정의3 집중은 복종하는 마음이다

'반항하는 마음' 때문에 고통스러웠던 경험이 있는가? 이런 마음은 마치 10대 청소년처럼 주인인 내 말을 무시하고 멋대로 움직인다. 집중은 마음이 제멋대로 움직이게끔 방치하는 대신 내가 원하는 대로 마음을 조정하는 힘이다.

### 정의4 집중은 버티는 능력이다

베스트셀러 작가인 브라이스 코트니Bryce Courtenay는 작가 지망생으로부터 "위대한 작가가 되는 비결은 무엇인가요?"라는 질문을 받고 이렇게 대답했다. "의자에 궁둥이를 딱 붙이는 겁니다. 제대로 써질 때까지 다른 무엇에도 눈 돌리지 말고 앉아 있어야 합니다."

적지 않은 철학자들도 비슷한 이야기를 한 바 있다. 반대나 무시, 역효과를 무릅쓰고 밀고 나가는 정신력이 있어야 비로소 삶에서 원하는 바를 얻게 된다는 것이다. "꾸준한 노력과 관심으로 얻지 못할 것은 없다"라는 세네카Seneca의 말도 그중 하나이다.

### 정의 5  집중은 T.I.M.E.(생각Thoughts, 관심Interest, 순간Moments, 감정Emotions) 관리이다

시간의 새로운 정의에 주목해보자. 전통적으로 우리는 일, 월, 년 단위로 시간을 측정해왔다. 하지만 삶을 돌이켜볼 때 우리는 흔히 일, 월, 년이 아니라 어떤 순간을 떠올린다. 사람이나 장소, 일의 과정에 우리의 사고, 관심, 감정이 완전히 몰입해 있었던 순간 말이다.

집중의 개념을 정의하는 과정에서 나는 재미있는 결론에 도달했다. 시간 개념을 재정립하면 인생에서 경주를 벌여야 한다는 압박감에서 벗어날 수 있게 된다는 것이다. 시간이 충분치 않다는 생각 대신 지금 이 순간 우리가 누리는 시간을 깨닫게 된다고 할까? 그러면 시간을 최고로 쓰는 방법은 곧 이 순간을 즐기는 것임을 알게 된다.

미국의 심리학자이자 철학자인 윌리엄 제임스William James는 '주의를 기울이는 것이 바로 경험'이라고 하였다. 바꿔 말하면 주의를 기울이는 것이 바로 우리 인생이다. 의미 있고 긍정적인 것에 주의를 기울이면 의미 있고 긍정적인 삶을 살게 된다. 반면 의미 없고 부정적인 일에 주의를 기울이다 보면 의미 없고 부정적인 인생이 펼쳐진다. 참으로 단순하지 않은가. 부처도 일체유심一體有心이라 했다. 즉 존재는 생각에서 비롯된다는 것이다.

요컨대 우리 삶의 질은 누구에, 그리고 무엇에 T.I.M.E.(생각Thoughts, 관심Interest, 순간Moments, 감정Emotions)를 쏟을 것인지에 달려 있다 할 것이다.


**마음을 정복한 사람에게 마음은 최고의 친구이다.**
**그러지 못한 사람에게 마음은 최대의 적이다.**

바가바드 기타Bhagavadgītā (고대 인도의 힌두교 경전 중 하나)


얼마 전 여름휴가 때 여행객들로 꽉 찬 뉴욕의 그랜드 센트럴 기차역에서 나는 집중의 달인을 목격한 적이 있다. 어찌된 일인지 역 한가운데 위치한 팔각형 모양의 안내소에는 직원이 단 한 명뿐이었다. 사방에서 여행객들이 달려와 유리창을 두드리며 고함을 질러댔다. "19번 플랫폼은 어디로 가야 하죠?", "코네티컷 행 기차는 어디서 출발합니까?", "지금 기차표를 살 수 있나요?"

신경이 머리끝까지 곤두서야 마땅했지만 그 안내소 직원은 고도의 집중력을 발휘했다. 모든 질문에 한꺼번에 답하려 드는 대신 한 번에 한 사람에게만 온전히 주의를 기울였던 것이다. 그는 집중에 관한 다섯 개의 정의를 온몸으로 실천하고 있었다. 혼란스러운 주변 상황에도 아랑곳없이 말이다.

그렇다. 집중은 초점을 맞추는 것이자 몰입한 상태이다. 전자는 사고하고 행동하는 것이고 후자는 사고하지 않고 존재하는 것이다. 전자에는 노력이 필요하지만 후자에는 노력이 필요 없다. 앞으로 이 책에서는 그 방법 즉, 노력 없이 자연스럽게 몰입의 상태에 이르는 법이 구체적으로 제시될 것이다.

자, 당신은 초점을 맞추는 것과 몰입이 통합된 상태를 마지막으로 경험한 적이 언제인가? 어쩌면 가족들과 명절 때 모여 즐겁게 식사하던 시간일 수도 있다. 한 사람도 빠짐없이 다들 건강하고 행복하다는 데 한없이 감사하던 그 순간 말이다. 혹은 맑은 하늘 아래 설경 속에서 스키를 타던 때일지도 모른다. 부드럽게 무릎을 굽혀 회전해 내려가면서 뭐라 말할 수 없는 짜릿한 즐거움을 느꼈으리라. 혹은 흥미진진한 연애소설을 읽으면서 시간이 어떻게 가는지 몰랐던 그 순간에 아마도 초점을 맞추는 것과 몰입이 통합되었을 수도 있다.

이런 때 우리는 진정한 집중 상태를 경험한다. 하고 있는 일에 온전히 빠져드는 것이다. 이 상태에서는 마음이 흐트러지지 않고 온전히 그 순간에 몰입할 수 있게 된다.

## 마음을 다해 살겠다고 작정하기

인간의 두뇌가 신체에서 가장 뛰어난 부분이라는 생각이 들 때마다 나는 자문한다. "헌데 이 생각은 어디서 나오는 거지?"_에모 필립스Emo Philips, 코미디언

나 역시 우리 두뇌가 신체에서 가장 뛰어나다고 생각한다. 온전히 주의를 집중할 때 얼마나 멋지고 효과적인 경험을 할 수 있는지 안다면 당신도 동의할 것이다.

하루 동안 스스로의 집중 상태를 의식해보라. 맛있는 사과를 한 입씩 베어먹을 때처럼 주의를 집중하라. 하기 싫고 귀찮은 일에 마음을 쏟아 그 일을 잘 끝마쳤을 때의 만족감을 몸소 경험하라. 전화기는 자동 응답 상태로 돌려놓고 아무 방해물 없이 당신의 T.I.M.E.를 관리하라.

뉴스 앵커인 다이앤 소여Diane Sawyer는 성공의 비밀을 묻는 질문에 "주의 집중을 대신할 수 있는 건 없지요"라고 대답한 바 있다. 오늘 하루를 마음을 다해 살겠다고 작정해보라. 그러면 무심하게 사는 하루와의 차이를 온몸으로 느낄 수 있을 것이다.

---

### ⓕ 혼란 상태

**한꺼번에 모든 것에 신경 쓰기**
"이 할 일 목록을 좀 봐. 어디서부터 시작해야 하지?"

**하고 있는 일에 무심하기**
"정말 지루한 책이야. 시간낭비인 것 같아."

**자기 마음을 다스리지 못함**
"이 일은 정말 하고 싶지 않아."

**남들이 내 T.I.M.E.를 좌지우지하도록 방치하기**
"어쩌지, 마땅한 사람이 없으니 결국 내가 위원장을 떠맡게 될 거야."

**힘들어지면 포기하기**
"난 지쳤어. 월요일은 되어야 끝낼 수 있겠는걸."

### ⓕ 집중 수행 상태

**한 번에 하나씩 주의를 기울이기**
"이 편지를 다 쓴 다음에 부치러 가야지."

**하고 있는 일에 흥미를 느끼려 애쓰기**
"이 책에서 새로운 무언가를 배워야겠다."

**마음을 다스리기**
"한 시간 동안 이 일을 하겠어."

**스스로 T.I.M.E.를 관리하기**
"저 일은 맡을 수 없어. 다른 사람을 추천해야겠다."

**힘들어도 인내하기**
"난 지쳤어. 하지만 제시간에 이 보고서를 꼭 제출할 거야."

# 02 ── 어디서 미끄러졌는지 알아야 한다

**우리가 뛰어넘어야 할 장애물은 우리 자신이다.**

마이클 맥클루어Michael McClure, 작가

 

내 워크숍에 참석한 사람들은 도대체 마음을 잡을 수 없다고, 자신은 도무지 집중 수행修行(이 책의 원제는 'ConZentrate'로 Concentrate와 선禪을 의미하는 Zen의 합성어다)이 불가능한 사람인 것 같다고 토로하곤 한다. 그러면 나는 두뇌 기능에 이상이 있는 것은 아니니 걱정하지 말라고 일단 안심을 시킨다. 문제는 집중 능력을 떨어뜨리는 일을 하고 있거나, 아니면 집중할 수 있는 일을 하지 않거나 이 둘 중 하나이다. 문제를 알고 고치면 누구나 원하는 때 원하는 것에 집중할 수 있게 된다.

 

**넘어진 곳이 아니라 미끄러진 곳이 어딘지 살펴라.**

아프리카 속담

 

다음에 열거한 12가지 방해 요소는 우리가 충분히 주의를 기울이지 못하게 하여 결국 집중에 실패하게 만든다. 읽어 내려가면서 자기에게 해당되는 것이 무엇인지 살펴보라. 그리고 앞으로는 집중 수행이 되지 않을 때 화를 내는 대신 어디서 미끄러졌는지 찾아보라. 어디가 잘못되었는지 알고 나면 그 장애물을 피해 다시 집중할 수 있다.

### 방해 요소 1 개인 공간이 없다

SF 소설 작가인 아이작 아시모프Isaac Asimov는 "그 무엇도 나를 방해할 수 없다. 설사 내 사무실에서 시끄러운 술자리를 벌인다 해도 나는 눈길 한번 안 줄 것이다. 아, 한 번쯤은 쳐다볼지도 모르지만"이라고 했다. 애석하게도 우리는 아시모프와 다르다. 당신의 주변 상황은 어떠한가? 사방의 모든 것이 집중을 방해하는가? 사무실 안은 시끄러운 술자리나 다름없을 정도로 소란스러운가? 1분에 한 번씩은 고개를 들어야 할 정도인가?

### 방해 요소 2 학습 경험이 없다

워크숍을 진행하면서 만난 수천 명의 사람들에게 나는 혹시라도 집중하는 방법을 따로 배운 적이 있는지 물어보곤 한다. 그러나 그렇다고 대답한 사람은 열 손가락에 꼽을 정도다. 우리들 대부분은 깊은 물속에 던져진 후 수영하라는 말을 들은 것과 똑같은 상황이다. 악기 연주나 컴퓨터 사용이 그렇듯 집중 또한 일종의 기술이다. 배우지 않은 것을 잘 해내기는 당연히 어렵다.

### 방해 요소 3 인내심이 부족하다

헬렌 켈러Helen Keller는 "충분히 오랫동안 매달린다면 원하는 것을 무엇이든 할 수 있다"라고 하였다. 그러나 요즘은 그렇게 충분히 오랫동안 매달리지 못하는 사람들이 훨씬 많다. 조금만 재미없다 싶으면 곧바로 그만둬버리기 일쑤다. 작가 로버트 본Robert Vaughn은 이를 꼬집어 이렇게 말하기도 했다. "세상에는 두 종류의 사람이 있다. 시작한 일을 끝내는 사람, 그리고 시작하고, 또 시작하는 사람……."

### 방해 요소 4  명료한 계획이 없다

무엇을 해야 할지 혼란스러운 마음이라면 아무것도 할 수 없다. 그런 마음이 드는 이유는 다음과 같다.

- 계획이 없는 것 "저기 쌓인 일을 기필코 다 처리해야 해"라는 것은 계획이 아니다. 바람일 뿐이다.
- 부정적으로 표현된 계획 "저 약속은 잊어버리고 싶지 않아."
- 달성 불가능한 계획 "3일간 밤새도록 공부해 이번 시험에 1등을 하겠어."
- 너무 많은 계획 "점심을 준비하면서 이 외국어 CD를 다 듣고 수영하는 아이들이 괜찮은지도 지켜보아야지."
- 서로 모순되는 계획 "오늘부터 담배를 끊겠어. 하지만 친구들하고 술 마시는 동안은 몇 대 피워도 괜찮겠지."

### 방해 요소 5  충분한 에너지가 없다

작가 스콧 피츠제럴드Scott Fitzgerald는 혼자 뒹굴며 한 시간만 보내면 지난 몇 년 동안 얼마나 스스로를 신체적·정신적으로 소진시켜왔는지 깨닫게 된다고 했다. 당신도 간혹 그런 생각을 하는 편인가? 에너지가

다 방전된 상태인가? 정신적인 에너지가 없는 상태에서는 집중할 수 없다.

### 방해 요소 6 한 곳에 모이지 못하는 마음

하루 일정이 복잡하게 꼬여 있다면 한 번에 하나씩 집중하기가 거의 불가능하다. 성격이 급하고 경쟁적인 사람, ADDAttention Deficit Disorder (주의력 결핍증) 유사 증세를 보이는 사람도 늘 마음이 바쁘고 쫓기는 기분이다. 뇌신경이 나비처럼 이 일과 저 일 사이를 부산하게 날아다닌다면 한 곳에 초점을 맞추고 머물기는 어렵다.

### 방해 요소 7 소요하는 마음

달려가기보다는 이리저리 소요하며 두리번거리는 마음도 문제다. 공상가들이 이 유형에 해당된다. 몸은 여기 있어도 마음은 다른 곳을 떠다니는 것이다.

### 방해 요소 8 마음이 가지 않는다

"결과에 대해 충분히 신경을 쓴다면 대개는 그 결과를 얻게 된다." 윌리엄 제임스의 말이다. 행동하려면 동기가 필요하다. 이는 인간 행동의 기본 원칙이다. 마음이 움직이려면 자극이 필요하다. 마음이 가지 않으면 머리도 가지 않게 된다. '별로 관심 없는 문제에 집중 수행을 하는 바람에 결국 엉망이 되었어'라는 생각이 들 수도 있다. 마음이 내키지 않을 때 어떻게 그 일에 관심과 흥미를 끌어낼 수 있는지는 Track 3에서 다루게 될 것이다.

## 방해 요소 9 믿음이 부족하다

스타워즈 〈제국의 역습〉 편에서 요다가 늪에 빠진 우주선을 들어 올리자 루크는 "믿을 수 없어요"라고 말한다. 요다는 "그게 바로 네가 실패한 이유다"라고 대답한다. 우리가 집중 수행에 실패하는 이유는 스스로 할 수 없다고 믿기 때문이다. 워크숍에 참석한 회의론자들은 한 번도 주의를 집중해본 적이 없다고 말한다. 그러면 나는 자기도 모르게 집중했던 순간이 분명 있었을 것이라 말한다. 밤을 새워 내일 제출할 리포트를 쓸 때는 어땠나? 정신없이 몰두하고 있다가 현관에 조간신문이 들어오는 소리를 듣고서야 아침이 왔음을 깨달았던 순간이 있지 않았는가?

어쩌면 집중 수행을 할 수밖에 없는 아찔한 순간을 경험한 사람도 있을지 모르겠다. 수중동굴 탐험에 나선 잠수부가 나의 워크숍에 와서 바로 그런 경험을 이야기해주었다. 탐험 도중 산소탱크에 여분의 산소가 거의 없다는 사실을 발견했다는 것이다. 동굴을 빠져나와 수면으로 올라가기까지 최대한 5분 정도를 버틸 수 있는 여유분밖에 없었다. 당황하면 귀중한 산소를 한층 더 소모하게 될 것이었다. 그는 몇 초 동안 자기가 들어왔던 경로를 머릿속으로 정리했다. 기회는 단 한 번뿐이었으므로 최고의 집중 수행 능력을 발휘해 동굴 안 갈림길을 이리저리 빠져나와야 했다. 결국 그는 그 공포스러운 상황 속에서 완벽하게 집중함으로써 목숨을 건졌다고 한다.

지난 20년 동안 내가 만난 워크숍 참석자들은 예외 없이 하나씩 완벽한 집중의 경험을 갖고 있었다. 완벽한 집중이라 하여 꼭 수중동굴 탐험과 같은 극적인 이야기여야 할 필요는 없다. 비디오 게임에 푹 빠졌던 일도 좋다. 중요한 것은 집중 수행에 성공했던 경험을 떠올림으로써 우리가 스스로를 한정 지었던 꼬리표를 떼어버리고 열린 마음으로 집중 수행을 시도할 수 있게 된다는 것이다. 집중 수행은 누구나 가능하다. 비록 원할 때마다 원하는 시간만큼 이루지 못할 수는 있지만 어떤 식으로든 가능한 것이다.

### 방해 요소 10 연습이 부족하다

소파에서 텔레비전만 보던 사람이 벌떡 일어나 그 길로 길고 긴 마라톤코스를 완주할 수 없듯이, 게으름만 피우던 두뇌가 하루아침에 완벽하게 집중 수행을 할 수는 없다. 건강한 신체를 유지하려면 자주 운동을 해야 한다. 마찬가지로 건강한 심리 상태를 이루려면 자주 두뇌를 운동시켜야 한다. 은퇴한 사람들은 종종 나이가 들면서 정신이 흐려질까 봐 걱정하곤 한다. 그러나 복잡한 사고를 요구하는 지적 도전 활동을 계속하면 나이 들어서도 여전히 두뇌 회전이 빠르다는 연구 결과가 이미 나와 있다. 바꿔 말하면, 집중 수행 능력의 쇠퇴는 두뇌가 닳았기 때문이 아니라 녹슬었기 때문이라 할 수 있다.

### 방해 요소 11 나를 위한 삶인가, 남을 위한 삶인가

"때로 제 눈을 들여다보면 엉뚱한 사람이 들어앉아 있더군요." 방송인 데이비드 레터맨David Letterman의 농담이다. 당신은 스스로가 정한 우선순위에 따라 집중 수행을 하고 있는가? 무턱대고 사람을 좋아해 남들에게 내 삶을 맡겨버린 것은 아닌가? 불필요한 것에 신경을 분산시키고 있다는 것을 알면서도 친구나 가족, 고객이나 동료를 실망시키고 싶지 않아 단호히 떨쳐내지 못하는 사람들이 많다. 귀중한 자신의 T.I.M.E.를 낭비하면서 말이다. 결과는 어떨까? 당신의 삶은 더 이상 당신의 것이 되지 못할 것이다.

### 방해 요소 12 실행력이 부족하다

"하루를 채워가는 것, 그것이야말로 최고의 예술이다." 작가 헨리 데이비드 소로Henry David Thoreau는 이렇게 말했다. 그런데도 순간순간 떠오르는 생각에 쉽게 좌지우지되는 사람들, 심지어 하루를 망가뜨리는 생각까지도 떨쳐내지 못하는 사람들이 너무도 많다. 아무 인과관계 없이 떠오른 생각에 불과하다는 것을 깨닫지 못하거나, 혹은 제대로 된 생각에 주의를 집중하도록 훈련받지 못한 탓이다. 아니, 이런 사람은 주도적으로 생각해야 한다는 생각조차 못할지도 모른다. 이것은 저절로 되는 일이 아니니까.

그러나 당신은 다르다. 이제 이 책을 읽어가면서 집중 수행 능력을 키우게 될 테니 말이다. 지금은 당신의 잠재력을 제대로 발휘할 수 있도록 단계를 밟아나갈 때다.

**Action Plan**

## 장애물을 뛰어넘는 방법

인간은 의식적인 노력으로 삶을 향상시킬 능력을 지녔다. 이보다 더 용기를 주는 사실을 나는 알지 못한다. _헨리 데이비드 소로Henry David Thoreau, 작가

워크숍에 참석한 한 학생이 내게 질문을 던졌다. "저한테는 12가지 방해 요소가 다 있는걸요. 저한테도 희망이 있나요?" 나는 "세상의 모든 일은 희망에서 비롯된다"는 마틴 루터 킹 Martin Luther King의 말을 인용하며 집중 수행 능력을 향상시키겠다는 희망을 갖고 장애물을 의식적으로 뛰어넘는 사람은 누구나 원하는 바를 이룰 수 있다고 대답했다.

앞서 설명한 12가지 방해 요소 중에서 당신의 집중 수행을 방해하는 것은 무엇인지 정리해 보라. 마음을 통제하는 주체는 당신 자신이라는 것, 그리고 당신은 방해 요소를 반드시 극복 할 수 있다는 것을 기억하라.

### ☺ 혼란 상태

**마음을 산란하게 만드는 공간**
"이렇게 소란한데 뭘 어떻게 할 수 있겠어?"

**무작정 집중 수행을 시작하려 들기**
"집중 수행을 해야 한다는 건 알겠어. 하지만 뭘 어떻게 해야 하지?"

**순간적인 만족 추구**
"시간이 너무 오래 걸려. 불안해. 그만두어야겠어."

**목표의 혼란, 계획 부재**
"일단 뛰어들어보는 거야. 생각은 그 다음에 하면 돼."

**아프고 기진맥진함**
"주의를 집중할 수 없어. 너무 힘들어."

### ☺ 집중 수행 상태

**정돈된 개인 공간**
"도서관에 가면 아무 방해도 받지 않고 일할 수 있을 거야."

**집중 수행 훈련하기**
"매일 밤 10분씩 이 책을 읽겠어."

**연기된 만족 추구**
"당장 이루어지지 않을 걸 알아. 하지만 꾸준히 밀고 나가야지."

**명료한 목표와 계획**
"미리 이것저것 생각을 잘 해봐야 해. 그래야 어떻게 일을 진행할지 알게 될 거야."

**활력이 넘침**
"어서 시작하고 싶어서 몸이 근질거려."

**과도한 의욕**
"이리저리 튕겨다니는 느낌이야.
한 가지에 몇 초밖에는 집중할 수
없는걸."

**마음이 딴 데 가 있음**
"난 공상이 좋아. 브래드 피트 같은
사람과 결혼하면 어떻게 될까?"

**지루해하고 동기가 부족함**
"지금은 공부하기 싫어. 미적분학은
진짜 시간낭비야."

**능력을 제한하는 꼬리표**
"희망이 없어. 난 늘 멍청이였고
앞으로도 그러겠지."

**마음의 게으름뱅이**
"이제 은퇴했으니 슬슬 쉬면서
지내야지."

**남들에게 휘둘림**
"네 일을 도와줄 시간은 없는데…….
하지만 네가 그렇게 부탁하니 조금
도와줄게."

**실행력 부족**
"집중 수행이 뭐 대단한 거야? 별로
중요하지 않은 것 같은데."

**한 번에 한 가지씩 생각하기**
"저건 나중에 처리하자. 지금은 여기
집중하는 거야."

**상대의 말을 경청하기**
"네 질문의 답은 1949야."

**동기를 부여하고 관심을 갖기**
"지금 공부해서 내일 시험에서 좋은
점수를 받아야겠어."

**능력을 제한하지 않는 꼬리표**
"난 얼마든지 내 마음을 좋은
방향으로 바꿀 수 있는 사람이야."

**마음의 활동가**
"십자말풀이를 매일 하면서 머리가
녹슬지 않도록 해야겠어."

**적절히 거절하기**
"미안해. 나도 일이 많아서 도울 수
없어. 지금 정말 바쁘거든."

**실행력 발휘**
"내 마음이 곧 내 미래야. 최선을
다해보자."

# 03 ── 마음은 훈련받지 않은 강아지와 닮았다

**내가 혼란스러운 듯 보인다면 그건 생각하는 중이기 때문이다.**

새뮤얼 골드윈Samuel Goldwyn, 영화제작자

당신의 마음은 제멋대로인가? 지금부터는 어떻게 우리 두뇌가 명령에 따르도록 훈련할 것인지, 그리하여 어떻게 두뇌가 원하는 바가 아니라 우리가 원하는 바대로 움직이게 할 것인지를 설명할 것이다.

이 책을 쓰는 동안 나는 두 아들이 몇 년 동안이나 고대하던 강아지를 선물했다. 그러나 기운 넘치는 장난꾸러기 강아지와 불과 며칠을 함께 보낸 후, 우리는 당장 훈련을 시키지 않으면 온 집 안이 그야말로 개판이 되어버릴 것이라는 사실을 깨달았다. 우리가 함께 놀아주는 동안은 아무 문제가 없었다. 반대로 놀아줄 수 없을 때가 되면 강아지는 신발, 양말, 소파 모서리, 탁자 다리 등 남아나는 게 없을 정도로 마구 물어뜯어댔다. 그리고 쉴 새 없이 움직이며 다음 장난감을 찾았다.

부산하기 짝이 없는 우리 강아지는 우리 마음과 꼭 닮았다. 우리 생각도 쉴 새 없이 움직이고 사방으로 튀며 놀 거리를 찾지 않는가. 혼란에 빠지지 않으려면 강아지도, 우리 마음과 생각도 제대로 훈련시켜야 한다.

물론 아는 것과 실행하는 것은 다르다. 우리의 경우도 그랬다. 강아지는 똑똑하고 귀여웠지만 고집이 아주 셌다. 결국 우리는 전문 훈련학교의 도움을 받기로 했다. 훈련 첫날 우리는 앉으라고, 가만히 있으라고 명령을 내렸지만 강아지는 자기 하고 싶은 대로 움직였다. 앉으라고 하면 옆에 있는 물건을 갖고 놀았다. 가만히 있으라고 하면 벌렁 드러누워 배를 쓰다듬어달라고 했다. 어떤가? 우리 마음과 참으로 비슷하지 않은가?

그 첫 훈련 단계에서 포기했다면 우리는 아직도 멋대로 물고 뜯고 돌아다니는 강아지에게 시달리고 있으리라. 세 번이나 샌들을 망가뜨렸다거나 이웃집 정원을 망쳐 수없이 사과하게 만든다면 제아무리 귀여운 강아지라 해도 마냥 예쁘지만은 않을 것이다.

우리는 인내심을 갖고 녀석을 훈련시켰다. 제대로 행동하게 되면 강아지가 더 큰 자유를 누릴 수 있다는 점을 분명히 알고 있었기 때문이다. 이것은 아주 중요한 사실이다. 강아지가 훈련을 받고 나면 더 큰 자율성을 얻게 된다는 것!

어떻게 그렇게 되냐고? 강아지가 우리 명령에 복종한다면 끈으로 묶이지 않고도 해변에서 맘껏 뛰어놀 수 있다. 부르기만 하면 바로 달려올 것을 알기에 우리가 안심을 하는 것이다. 함부로 나가 동네를 돌아다니지 않게 되면 집에서 끈으로 묶일 필요도 없다. 훈련이 잘 되어 있을수록 강아지도 행복하고 우리도 행복해진다. 우리 마음 역시 마찬가지다.

미국의 여성 장군 윌마 보트Wilma Vaught에게 기자가 물었다.
"자라면서 어떤 사람이 되고 싶었습니까?"
보트는 곧바로 대답했다. "책임 있는 사람이요."

우리는 모두 책임 있는, 특히 우리 마음에 책임을 지는 사람이 되고 싶다. 우리 강아지처럼 주인 의지에 따르지 않고 자유롭게 돌아다니는 마음은 우리 자신에게 최대의 적이 될 뿐이다. 또한 우리에겐 마음이 우리 의지대로 움직여줄 것이라는 확신이 필요하다. 업무 회의에 들어갔는데 우리 마음이 온통 다른 생각에 빠져 있다면 어떻게든 그 생각을 되돌려 자기 차례가 되었을 때 제대로 된 발언을 해야 한다.

세미나에 참석했던 한 여성은 이해할 수 없다는 표정으로 물어왔다. "마치 마음이 우리와 동떨어진 존재라도 되는 것처럼 말씀하시네요. 저와 제 마음은 하나이고 똑같은 것이 아닌가요?" 물론 한편으로는 그렇지만 다른 한편으로는 그렇지 않다. 실제로 의식적인 마음과 무의식적인 마음 간의 차이를 설명하는 책만 해도 수십 권이 넘는다. 또한 내가 이 주제에 대한 워크숍을 진행할 때면 대부분의 사람들이 '독자적으로 움직이는 마음이라는 존재'를 쉽게 이해하고 수긍하는 편이다.

마음은 대개 이기적인 응석받이다. 그 행동이 공정한지, 적절한지를 생각하지 않고 그저 하고 싶다고만 떼쓰며 고집을 부린다. 이에 반해 우리의 자아는 행동의 결과를 내다보고 이성적으로 어른스럽게 행동하려 한다.

예를 들어 '오늘 저녁에는 책상에 앉아 청구서 정리를 해야 해'라고 생각한다면 이는 자아의 목소리이다. 책임 있게 행동하도록 일깨워주는 것이다. 그런데 책상에 앉아 장부를 꺼내는 순간 재미있는 일이 벌어진다. '청구서는 나중에 처리해도 돼. 지금은 텔레비전을 보고 싶어'라고 마음이 속삭이는 것이다. 이제 갈등이 시작된다. 어떻게 해야 할 것인가? 어느 쪽 말을 들어야 할 것인가?

우리의 목적은 두뇌가 이성적인 목소리에 복종하도록, 그리고 해야 하는 일을 해야 하는 때, 해야 하는 방식으로 처리하도록 만드는 것이다. 꾀부리고 놀고 싶은 충동, 더 나아가 파괴적인 충동을 억누르고 건설적인 생각과 이미지, 건설적인 행동에 집중하도록 하는 것이다. 자, 그러면 이제 질문이 등장할 차례다. 어떻게 해야 그렇게 되는 것일까?

마음을 정복한 사람에게 마음은 최고의 친구이다.
그러지 못한 사람에게 마음은 최대의 적이다.

_바가바드 기타Bhagavadgità, 고대 인도의 힌두교 경전 중 하나

# conZentrate

우리는 신발 끈 매는 방법을 배우듯 주의 집중 상태를 유지하는 방법도 배워야 한다. 여러 단계로 이루어진 과정을 계속 반복하면 나중에는 생각할 필요도 없이 저절로 실행하는 수준에 도달할 수 있다. 마음에 과제를 주고 마음이 그 과제를 따라가도록, 혹시 다른 곳을 헤매게 되어도 그 과제로 돌아오도록 하는 것이다. 이를 반복하여 마음이 괜한 반항을 하지 않도록 만들어야 한다.

## TRACK 2

# 하루 5분
# 집중력 두뇌 훈련

훈련되지 않은 마음처럼 제멋대로인 것은 없다.
훈련된 마음처럼 잘 복종하는 것도 없다.
_부처

# 04 —— 5분 두뇌 훈련

**자발적으로 지속되는 주의 집중이란**
**실은 계속 마음속에 그 주제를 떠올리려는 연속적인 노력이다.**

윌리엄 제임스William James, 심리학자


우리는 신발 끈 매는 방법을 배우듯 주의 집중 상태를 유지하는 방법도 배워야 한다. 여러 단계로 이루어진 과정을 계속 반복하면 나중에는 생각할 필요도 없이 저절로 실행하는 수준에 도달할 수 있다. 마음에 과제를 주고 마음이 그 과제를 따라가도록, 혹시 다른 곳을 헤매게 되어도 그 과제로 돌아오도록 하는 것이다. 이를 반복하여 마음이 괜한 반항을 하지 않도록 만들어야 한다.

이렇게 마음을 훈련할 때 다음과 같은 5분 연습이 도움이 된다. 2주 동안 매일 밤마다 이 연습을 해보라.


### 1단계 조용한 장소 찾기

방해받지 않고 혼자 있을 수 있는 곳을 찾는다. 편안한 의자에 앉아 방문을 닫고 라디오, 텔레비전, 휴대전화 등을 모두 끈다. 다른 할 일이 없는 하루의 마지막 시간이 가장 좋다. 피곤할 때도 이 연습이 당신을 푹 잘 수 있게 도와줄 것이다.

### 2단계 마음에 주는 지시문 정하기

간단하면서도 긍정적인 문장이면 된다. '나는 집중을 잘한다'라는 지시문을 반복하면 어떨까? 5분 동안만 이 문장에 생각을 모아보라. 마음에 드는 다른 지시문을 만들어도 좋다.

### 3단계 지시문 되뇌기

소리 내 말할 수도, 조용히 속삭일 수도 있다. '나는 집중을 잘한다'라는 지시문에 온 주의를 집중하라. 천천히 박자를 맞춰 반복하라. 이 지시문이 입과 마음에 머물도록 하라. 눈앞의 것들에 방해받지 않도록 눈을 감아라. 의미를 부여하며 지시문을 되뇌면서 생각도 거기에 모으도록 하라.

### 4단계 잡생각 막기

잡생각이 떠오르면 그 순간 '안 돼!'라고 생각한 뒤 다시 지시문으로 주의를 돌려라. 정신이 분산되는 것을 자책하지도, 잡생각을 하지 말자고 자꾸 다짐하지도 말라. 잡생각을 하지 말자고 생각하면 틀림없이 온갖 잡생각을 하게 되기 때문이다! 그저 '안 돼!'라는 한마디로 끝낸 뒤 다시 마음을 다해 지시문을 반복하라.

'안 돼!'라는 말 대신 자신만의 표현을 만들어도 좋다. 컴퓨터 기술 전문가인 내 친구는 '삭제!' 혹은 '취소!'라고 말하곤 한다. 잡생각을 지우는 데 이런 표현이 더 효과적이라는 것이다. 그와 달리 선禪을 공부한 또 다른 친구는 '안 돼!'라는 말이 너무 강하다고 생각한다. 그래서 잡생각이 떠오르면 그 생각을 가만히 떠나보낸 뒤 다시 지시문으로 돌아온다고 한다.

### 5단계 **계속하기**

포기하거나 불안해한다면 아무것도 이룰 수 없다. 성공의 핵심은 꾸준함이다. 잡생각에 빠질 때마다 마음을 되돌리다 보면 결국 마음도 복종을 배우게 된다. 그리하여 아무리 유혹이 많은 상황이라도 당신이 원하는 대로 마음이 따라오게 될 것이다.

**결국에는 내 뜻대로 될 것이기에
나는 그 누구보다도 인내심이 강하다.**

마거릿 대처Margaret Thatcher, 정치인

이 훈련의 목적이 무엇인지 궁금한가? 바로 우리 마음을 한 점에 모으는 법을 익히는 것이다. 핵심은 마음이 멋대로 돌아다니는 대신 우리 의지에 복종하도록 만들어 결국 우리 뜻을 이루는 것이다.

그러나 즉각적으로 완벽한 결과가 나타나리라는 섣부른 기대는 하지 않는 게 좋을 것이다. 난생처음 롤러스케이트를 신었으면서 곧바로 멋지게 거리를 미끄러져 나갈 것이라 기대할 수는 없지 않겠는가. 집중 수행 역시 처음부터 잘 해낼 수는 없다.

다른 모든 것이 그렇듯 집중 수행에서도 연습을 많이 할수록 결과가 좋아진다. 매일 롤러스케이트를 연습하면 곧 능숙해지는 것처럼 매일 저녁 집중력 훈련을 한다면 집중 수행 능력도 점점 좋아질 것이다. 2주일만 지나도 당신 마음은 즉각 당신의 명령을 받아들이게 될 것이다.

# 05 ── 유익한 두뇌 세탁

**자부심은 자신에 대한 직접적인 칭찬이다.**

아르투르 쇼펜하우어Arthur Schopenhauer, 철학자

집중은 자기 믿음의 직접적인 결과이다. 5분의 두뇌 훈련 연습은 다른 면에서도 도움을 준다. 이를테면 '나는 집중을 잘한다'라는 문장은 나 자신이 긍정적인 자질을 갖고 있으며, 또한 그 자질을 발휘할 수 있다는 확신의 진술이 된다. 자기 확신의 효과에 코웃음을 치는 회의론자들도 일부 있긴 하지만, 인간행동 분야에 조예가 깊은 심리학자 윌리엄 제임스는 "우리는 자기 믿음에 따라 행동한다"라고 말한 바 있다. 가령 자기 몸이 굼뜨다고 생각하는 사람은 발이 엉킬 때마다 '그럼 그렇지' 하고 받아들일 것이다. 반면 자기 몸이 굼뜨다고 생각하지 않는 사람은 혹시 넘어지더라도 자기의 운동신경보다는 울퉁불퉁한 보도블록 탓이라 여길 것이다.

실제로 많은 사람들이 매일같이, 그리고 종일토록 스스로에게 이렇게 부정적인 말을 하고 있다. "이런, 바보같이!", "또 엉망진창이 되어 버렸어", "이런 어리석은 행동을 하다니!" 등등. 부정적인 각인 과정을 되돌려 긍정적인 믿음과 행동을 만드는 자기 확신이 꼭 필요한 이유가

여기에 있다.

나는 자기 확신이 유익한 두뇌 세탁의 한 가지 유형이라고 믿는다. '나는 집중을 잘한다'라는 문장을 반복하는 것은 두 가지 의미를 지닌다. 마음을 훈련하는 연습인 동시에 자신의 긍정적인 특성을 확인할 기회가 되는 것이다. 다시 말해 집중을 잘한다는 말로 계속 두뇌를 자극하다 보면 정말로 집중을 잘하게 된다는 것이다.

워크숍에서 내가 만난 한 학생은 이 문장을 살짝 변형했다. '나는 원할 때마다 쉽게 집중할 수 있다'라는 말로 한 단계 더 나아간 것이다. 그리고 이 새로운 문장을 반복함으로써 집중은 어렵다는 고정관념을 바꿨다고 털어놓았다. "전에는 집중해야 한다고 생각하면 머리가 아프고 오히려 더 집중이 안 되었어요. 하지만 원할 때마다 집중할 수 있다고 생각하자 압박감이 사라졌지요." 당신도 한번 시도해보라. '나는 원할 때마다 쉽게 집중할 수 있다'는 문장이 당신에게도 똑같은 효과를 낼지 모르지 않는가.

5분 동안의 두뇌 훈련의 효과가 미심쩍다면 오늘밤 잠자리에 든 후 한번 시도해보라. 별 소용이 없다 해도 그 5분을 잃어버리는 것이 대수겠는가? 어차피 잠들기 전에 누워서 보낼 시간이니 말이다. 하루 5분을 투자해 제멋대로인 응석받이 두뇌를 예의 바른 두뇌로 바꿀 기회를 잡아보자. 같은 방에서 자는 사람을 깨울까 봐 걱정된다면 소리 내지 않고 속으로만 문장을 되뇌는 것도 좋다.

**원할 때 자기 생각을 감추거나 가릴 방법이 없다는 것,**
**그것이 인간의 큰 불운이다.**

폴 발레리Paul Valery, 시인

워크숍에 참석한 어느 무술 전문가가 내게 질문을 던졌다. "전 하루 20분씩 명상을 해왔기 때문에 5분 두뇌 훈련은 아주 쉽습니다. 혹시 더 높은 단계는 없나요?"

나는 이렇게 대답해주었다. "물론 있습니다. 방해 요소를 집어넣어 집중을 어렵게 하면 됩니다. 같은 연습을 하되 눈을 뜨고 주변을 바라보세요. 라디오가 켜진 곳에서 확신의 문장을 되뇌는 겁니다. 나도 모르게 음악 소리에 맞춰 허밍을 하게 되었다면 '안 돼'라고 말한 뒤 다시 문장으로 되돌아오세요. '나는 집중을 잘한다'라는 문장의 한 단어 한 단어에 더 힘을 주고 의미를 부여하세요. 큰 소리로도 말하고 부드럽게도 말해보세요. 잡생각이 한 줌도 들어오지 못하도록 나름의 방법을 찾는 겁니다. 목표는 눈과 귀가 다른 쪽을 향한 상태에서도 내적인 집중력이 흐트러지지 않게 하는 것입니다. 방해를 받으면서도 5분 동안 집중 상태가 깨지지 않도록 연습을 계속하십시오."

무술 전문가는 다시 질문을 했다. "그러고 난 후에는 어떻게 하지요? 연습을 그저 계속하나요, 아니면 일단 마음 훈련이 끝났다고 판단해 그만두나요?"

나는 좋은 질문을 해준 것에 감사를 표하고 대안을 제시했다. "마음먹은 대로 충분히 집중할 수 있다고 느낀다면 응용 훈련으로 들어갑니다. '나는 집중을 잘한다' 대신 느끼고 싶은 감정을 담은 새로운 문장을 되뇌시길 바랍니다. 다음날 아침에 일찍 일어나야 한다면 '나는 상쾌한 기분으로 일어나 여유 있게 나간다'라는 문장을 반복해도 좋습니다. 혹은 그 5분을 활용해 앞으로 다가올 상황에 대비할 수도 있습니다. 생일 파티나 중요한 프레젠테이션을 계획하고 있다면 거기에 맞춰 마음을 준비시키는 것이지요."

얼마 전 작가 댄 웨이크필드Dan Wakefield의 글을 읽은 적이 있다. 그는 태극권 수련을 받던 중 옆방에서 나는 시끄러운 소리 때문에 방해를 받았다고 한다. 웨이크필드를 비롯해 수강생들은 처음에는 당황했지만 그런 원치 않는 방해 요소는 매일같이 우리 집중력을 흐트러뜨리기 마련이고, 최선의 대응법은 자신으로 돌아가는 것이라는 강사의 설명에 다시 평정심을 찾을 수 있었다. 웨이크필드는 "내 정신을 흐트러뜨리는 물리적, 정신적, 감정적, 영적 요소를 원망해봤자 아무 소용이 없다. '자신으로 돌아가는 것'은 매일, 매년, 평생 우리가 겪는 크고 작은 위기와 갈등을 이겨내는 마법 같은 방법이다"라고 말했다.

웨이크필드의 말은 과연 옳다. 우리 목적은 5분 동안 주어진 과업에 온전히 생각을 모으는 것이다. 마음이 샛길로 빠진다면 다시 자기 자신으로 돌아가라. 방해 요소에 '안 돼'라고 말한 후 다시 주의를 집중하면 된다. 폴 발레리의 말과 달리 우리에게는 생각을 차단시킬 방법이 있다. 바로 두뇌 훈련 연습이다.

**Action Plan**

# 나는 원할 때마다 쉽게 집중할 수 있다

인간의 과업은 단순하다. 자신이 아무 생각 없는 우연적 존재가 되지 않도록 하면 된다.

_프리드리히 니체Friedrich Wilhelm Nietzsche, 철학자

잠자기 전에 매일같이 이 마음 관리 연습을 함으로써 우리는 '사고하는 존재'에 더 가까워질 수 있다. 5분 두뇌 훈련은 어디에 주의를 기울일 것인지 의식적으로 선택하는 방법을 익히는 첫 단계이다. 오늘밤 침대에 눕기 전에 머리를 훈련시켜라. 지시문을 주고 되뇌게 하라. 잡생각이 들면 떨쳐내고 다시 지시문으로 돌아오라. 이 5분의 연습이 모이고 모이면 마침내 우리 마음은 우리의 지시를 따르게 될 것이다!

## 🌀 혼란 상태

**마음이 멋대로 방황함**
"이 선생님 수업은 듣기 싫어. 창밖이나 봐야겠다."

**문제점 찾기**
"이 훈련은 우스운 짓이야. 아무 소용도 없을 거라고."

**마음에 불가능한 명령을 내리기**
"내 마음이 두 번 다시 방황하지 않도록 하겠어."

**집중 수행하지 못하는 자신을 비난하기**
"난 소질이 없어. 집중하는 방법을 결국은 익히지 못할 거야."

**생각하기 싫은 것을 생각하지 않도록 억지로 노력하기**
"저 비행기 소리는 날 방해할 수 없어. 비행기 이륙에 대해서는 생각하지 않을 거야."

## 💡 집중 수행 상태

**마음이 지시에 복종함**
"선생님 설명을 공책에 받아쓰면서 들어야겠어."

**조용한 장소 찾기**
"내가 좋아하는 의자에 앉아 훈련을 시작해야겠다."

**마음에 구체적이고 긍정적인 지시를 내리기**
"'나는 집중을 잘한다'라고 반복해 말하겠어. 그리고 5분 동안 그 생각만 할 거야."

**지시문을 반복하며 집중할 수 있다고 믿기**
"난 원할 때마다 쉽게 집중할 수 있어."

**잡생각을 차단하고 집중하고 싶은 의지를 입 밖으로 표현하기**
"비행기 소리가 크긴 크군. 난 집중을 잘한다, 난 집중을 잘한다……."

# 06 ── 시야를 좁히는 것과 넓히는 것

**기자: 백악관에서 식사해보니 어땠던가요?**

**요기 베라**Yogi Berra**, 야구감독: 떠드는 사람이 너무 많아 대화하기가 힘들더군요.**

아무리 방해 요인이 많아도 집중 수행을 해낼 수 있도록 돕는 마법의 약이 있으면 좋겠다고? 그렇다면 지금부터 설명하는 초점 맞추기가 도움이 될 것이다.

집중 수행의 기본 원칙은 우리 인간이 시선이 닿는 것에 주의를 기울인다는 사실에서 출발한다. 우리의 눈과 마음은 기본적으로 시야 중앙에 놓인 것에 초점을 맞춘다. 가장자리의 것들은 희미하다. 시선이 한 물체에 고정되면 우리 마음도 거기에 초점을 맞추게 된다. 시선을 움직이면 주의가 흐트러진다. 시선의 초점이 흐려지면 생각도 흐려진다.

당신의 마음은 카메라고 당신의 눈은 조리개라고 상상해보라. 우리 마음은 대부분의 시간 동안 모든 것을 담는 광각렌즈를 사용하며 끊임없이 주변을 살피고 재미있는 것, 혹은 위험한 것이 없는지 점검한다.

우리가 그 광각렌즈를 사용할 때에는 여러 가지에 대해 생각하는 것이 당연하다. 우리는 고속도로를 운전하면서 그날 밤 해야 할 일들을 떠올리기도 한다. 아들의 축구 시합을 지켜보면서 옆자리에 앉은 다른 학부모와 수다를 떨 수도 있다. 혹은 텔레비전을 보면서 빨래를 개키기도 한다. 온전히 주의를 기울여야 하는 일들이 아니라면 이렇게 동시에 주의를 분산하는 경우가 적지 않다.

반면 완전한 집중 수행이 요구되는 상황도 있다. 신경외과 의사는 어려운 수술을 할 때 100% 집중한다. 평행봉 위에서 연기하는 체조선수도 온전히 마음을 모아야 한다. 대학입학시험을 치르는 학생도 온 힘을 다해 주의를 집중한다. 이런 상황에서 우리 눈은 마치 망원렌즈처럼 변한다. 이 과정은 자연스럽게 이루어지기도 하지만(가령 몇 년 만에 우연히 만난 옛 친구의 얼굴을 유심히 바라볼 때) 마음을 모으기 위한 의식적인 노력이 요구될 때도 많다.


**우리는 한 가지 목표를 세우고**
**그것이 다른 모든 것에 우선하도록 할 때에야 성공할 수 있다.**

드와이트 아이젠하워Dwight Eisenhower, 정치인


어떻게 마음을 한 곳으로 모을 수 있을까? 한 가지 대상에 주의를 집중하고 다른 모든 것이 시야에서 사라지도록 하면 된다. 시야를 좁히는 데는 손을 사용하는 것이 유용하다.

앉은 자세에서 방 안을 둘러보고 근처에 있는 것을 살펴보자. 그리고 가장 눈에 띄는 것을 하나 선택하라. 꽃다발일 수도, 누군가의 사진일 수도 있을 것이다. 이제 두 손을 얼굴 양옆에 가져다 대고 천천히 앞으

로 끌어당겨 눈가를 둥글게 감싸도록 하라. 당신의 시야에 꽃다발이나 사진만 들어오도록 범위를 좁히는 것이다.

초점을 맞추는 대상 외에 아무것도 보이지 않게 된 상태에서 1분 정도 대상을 바라보라. 그 대상에 대해 스스로에게 질문을 던지면서 마음의 망원렌즈 상태를 유지해보자. "저건 어디서 찍은 사진이지?", "저 장미에는 꽃잎이 몇 개나 있지?" 등등. 그 후 손을 치우고 다시 눈과 마음으로 방을 둘러보라. 이제 다시 광각 초점 상태로 되돌아오게 될 것이다.

이렇게 대상을 하나로 정하고 시선과 마음을 집중하는 과정을 반복해서 연습해보자. 손을 사용해 물리적으로 주변을 차단할 때 마음을 하나로 모으는 일이 훨씬 쉽다는 점을 직접 경험해보는 것이다. 이제부터는 집중 수행을 원할 때 손을 쳐다보라. 그리고 손을 들어올려 시야를 좁혀보라.

보험회사에서 신고접수 업무를 담당하고 있다는 사람은 이 방법이 매우 효과적이었다고 말했다. "저는 수십 명이 앉아 있는 커다란 사무실에서 일합니다. 그러다 보니 시끄럽고 복잡해 집중 수행이 어려웠지요. 워크숍 후에 말씀대로 눈 주위에 손을 가져다 대고 시야를 좁혀 보았더니 정말 큰 도움이 되더군요."

이와 다르게 반대 의견도 간혹 있었다. "제 동료들은 머리가 아프냐고 묻더군요. 낮잠을 잔다는 오해도 받았습니다." 손으로 눈 옆을 가리는 것이 이렇게 늘 적절하지 않을 수도 있다. 이들에게 나는 손을 쓰는 대신 상상력을 동원하라고 조언해주었다. "꼭 실제로 손으로 눈을 감싸야만 하는 것은 아닙니다. 마음속으로 얼굴 옆에 손을 가져다 댔다고 생각하고 망원렌즈를 상상한다면 집중하는 데 도움이 될 겁니다."

> 아름답고 선한 것에 주의를 돌리고
> 약하거나 그릇된 것은 가능한 한 생각하지 않는 게
> 최선이라는 믿음이 해가 갈수록 더 커졌다.
>
> 리처드 세실Richard Cecil, 목사

때로는 주변을 차단하고 한 가지에 마음을 모으는 대신 정반대의 행동이 필요할 때가 있다. 예컨대 마음이 부정적인 무언가에서 좀처럼 벗어나지 못할 경우 초점 맞추기 과정을 거꾸로 밟아보는 것이 좋다. 손으로 눈을 둥글게 감싼 후 서서히 손을 뒤로 빼 시야가 넓어지도록 하는 것이다. 이런 물리적인 동작을 통해 강박적인 생각에서 벗어날 수 있다. 말하자면 주변을 살펴봄으로써 부정적인 생각의 흐름을 끊는 셈이다. 시야를 넓힌 후 주변의 대여섯 가지 사물을 바라보고 그것의 특성을 떠올려보라.

나는 이 책을 마무리하면서 이 방법을 사용했다. 크리스마스 연휴 때였고 아들들은 친척 집으로 가 있었다. 나는 종일 쉴 새 없이 글귀를 다듬고 원고의 위치를 이리저리 조정했다. 잠잘 때도 이 책에 대한 생각이 머리를 떠나지 않았다. 이 상황에서 가끔 현실 세계로 돌아와 필요한 일을 처리해야 할 때에는 의식적으로 시선을 컴퓨터 모니터에서 들어올렸다. 지저분한 집 안 모습이 눈에 들어오면 그때서야 책 마무리 작업에서 벗어날 수 있었다.

시선이 고정되면 마음도 역시 그렇다는 사실을 기억하라. 시선이 움직이면 마음도 따라 움직인다. 이제 원하는 대로 시야를 좁게, 혹은 넓게 조정해보자.

# 마음의 틀을 바꾸고 싶은가?

**대안이 없으면 마음이 놀랍도록 깨끗해진다.** _헨리 키신저Henry Kissinger, 정치인

대안을 무시하는 능력 또한 마음을 깨끗하게 만든다. 손을 사용해 상황에 맞게 눈과 마음의 폭을 맞춰나가도록 연습하라. 한 가지 일에 초점을 맞춰야 한다면 손으로 눈을 감싸 다른 것이 시야에 들어오지 않도록 하라. 반대로 한 가지 생각에만 빠져 있다면 주위 여러 물건으로 주의를 분산시켜라. 손을 도구로 삼아 방해 요인을 제거하거나 도입하는 것이다.

## 혼란 상태

**초점 맞추기 실패**
"여긴 원래 이렇게 혼을 쏙 빼는 곳이야. 포기했어. 여기서는 집중이 불가능해."

**한눈팔기**
"첫눈이다! 밖에 나가서 눈사람을 만들어야겠어."

**엉뚱한 곳에 신경 쓰기**
"린이 자리에 없네. 어디 간 거지? 아, 마거릿도 없구나. 둘이 같이 점심 먹으러 나갔나?"

**강박적이고 불건전하게 생각이 흘러가도록 방치하기**
"정말 돌아버리겠군. 둘이 이렇게 점심 먹고 늦게 들어오는 게 이번 주 들어 벌써 세 번째야."

**그릇된 마음 자세**
"불공평하다는 생각이 머리를 떠나지 않아."

## 집중 수행 상태

**초점 맞추기를 시도하기**
"망원렌즈로 전환해 방해 요소를 차단해버리겠어."

**손을 동원하기**
"눈 주위에 손을 둥글게 가져다 대야지."

**시야를 한정하기**
"시야를 좁혀 점심 때까지 이 일을 끝내겠어."

**광각렌즈를 동원하기**
"자, 멀리 보자. 오늘은 금요일이고 내가 할 일은……."

**올바른 마음 자세**
"주변을 둘러보며 이 생각을 떨쳐버려야겠다."

# 07 ── 마음에 막대기를 끼워 넣어라

**나는 길을 잃었던 적은 없다.**

**하지만 사흘에 한 번은 혼란에 빠졌다.**

대니얼 분Daniel Boone, 가수

5분 집중 훈련을 하고 초점 맞추기를 시도해도 여전히 마음이 방황하고 있다면 어떻게 해야 할까?

경영학자 로렌스 피터Laurence J. Peter는 "건설적인 정신력은 매시간의 정신 활동에 달려 있다. 생각의 흐름이 어느 방향을 향하는가에 따라 삶의 질이 좌우된다"라고 하였다. 자, 어떻게 해야 원하는 방향으로 생각과 마음이 흘러가게 할 수 있을까?

인도의 코끼리 조련사 이야기를 살펴보자. 조련사는 사원의 종교 행사를 위해 종종 코끼리 여러 마리를 몰고 좁은 시장 거리를 지나가야 했다. 코끼리들은 그때마다 양쪽에 늘어선 과일, 야채, 반짝이는 장신구들에 정신이 팔려 긴 코를 마구 움직여댔다. 제시간에 사원에 도착하려면 코끼리들이 더 이상 가게마다 멈춰서 코를 들이대지 못하게 만들어야 했다. 상인들의 불평도 견디기 어려웠다. 고민 끝에 조련사는 간단한 방법을 고안했다. 코끼리 코에 짤막한 대나무 막대기를 하나씩 끼워 넣은 것이다. 코끼리들은 코가(그리고 마음이) 막대기로 채워지자 딴청을 부리지 않게 되었다.

## 스스로에 대해 어떻게 생각하는가가 운명을 결정한다.

헨리 데이비드 소로Henry David Thoreau, 작가

당신도 코끼리 조련사와 비슷한 고민을 안고 있는가? 마음을 한 방향으로 유지하려 해도 끊임없이 샛길로 빠지는 상황인가? 이제부터는 마음에 막대기를 하나씩 끼워 넣어 다른 데다 신경을 팔지 않도록 만들어보자. 생각을 붙잡는 이 과정은 다음과 같은 네 단계로 이루어진다.

### 1단계 마음의 목적지를 미리 결정하기

어디로 가야 할지 모르면 엉뚱한 곳에 도착하게 되는 법이다. 마음도 마찬가지다. 목적지를 모르면 헤맬 수밖에 없다. "어제 도착한 상품을 정리해 진열을 끝내야 해"라고 말하면서 목적지를 분명히 하라.

### 2단계 실현 가능한 시간 계획 세우기

코끼리 조련사가 정해진 시간에 정해진 장소까지 가야 할 필요가 없었다면 코끼리들이 아무리 한눈을 팔아도 큰 문제는 아닐 것이다. 느긋하게 사방을 구경하며 걸어도 좋다. 마음도 그렇다. 정해진 시한이 없다면 우리 마음도 마냥 여유를 부리게 된다.

그러나 실제로 그렇게 여유가 있는 사람들은 드물다. 우리 대부분에

게는 해치워야 할 일이 쌓여 있다. 그 일들을 해내려면 스스로 시한을 정해야만 한다. 언제까지 끝내야 한다고 정해두지 않으면 상품을 정리해 진열하는 일은 영원히 계속될 수도 있다. "어제 도착한 상품을 오전 9시에 가게 문을 열기 전까지 정리해 진열해야 해"라고 정해둔다면 낭비할 시간이 없다는 것을 우리 마음에 알려주는 셈이다.

### 3단계 마음에 막대기를 끼워 넣어 한눈팔지 않게 하기

'끝내다', '완성하다', '집중하다'와 같은 표현들을 집어넣어 집중 수행이 계속 이어지도록 하라. "상품을 확인하고 가격표를 붙이는 데 집중할 수 있도록 전화는 자동응답기가 처리하게 해야겠어"라든가 "학생들의 과제물 검토를 쉬지 않고 계속해 끝마치고 10시 30분에는 잠자리에 누울 거야"처럼 하면 된다.

### 4단계 지시 문장 앞에 이름을 넣기

이름을 부르는 것은 마음에 주의를 환기시켜주는 역할을 한다. 스스로 자기 이름을 부를 때에도 그렇다. 이제 이렇게 말해보면 어떤가. "테드, 이 문서에 고칠 것이 없는지 점검하는 데 집중해. 정오까지 넘기자고." "앨리스, 다음 30분 동안 이 청구서 작성을 끝내자. 그 다음에 느긋하게 점심을 먹는 거야."

# 08 ── 가던 길을 유지할 것인가, 바꿀 것인가?

## 갈림길이 나왔다고? 그럼 갈림길로 가면 된다.

요기 베라Yogi Berra, 야구감독

누군가 또는 무언가가 우리 마음의 흐름에 끼어들 때 우리는 갈림길을 마주하게 된다. 집중하여 가던 방향에 샛길이 나타난 것이다. 한창 일에 몰두하고 있는데 자기에게 주의를 돌려달라는 사람, 혹은 일이 나타나면 어떻게 될까? 그 순간 우리는 의식적이거나 자동적인 선택을 하게 된다. 관습적으로는 자동적인 선택이 대세였다. 즉 우리의 T.I.M.E.를 잘 사용하는 것인지 생각지도 않은 채 새로운 쪽으로 냉큼 주의를 돌려버리는 것이다. 무언가 재미있어 보이는 것이 나타나면 당장 하던 일을 내팽개쳐버리면서 말이다.

앞으로는 집중 수행의 갈림길에 놓였을 때 두 번 생각하는 연습을 하자. 불쑥 끼어든 것을 무조건 따라가는 대신 멈춰서 곰곰이 생각해보자. 자동적인 선택이 진정 내가 원하는 선택인지 점검하는 것이다.

그때 스스로에게 묻게 될 질문은 "가던 방향을 유지할 것인가, 바꿀 것인가?"이다. 하던 일을 계속 할 것인가, 아니면 새로운 것에 주의를 돌릴 것인가?

당신이 컴퓨터 앞에 앉아 자료를 입력하고 있는데 동료가 다가와 함께 커피를 마시자고 한다. 그 순간 "가던 방향을 유지할 것인가, 바꿀 것인가?"라는 질문을 던져라. 동료의 제안에 마음이 끌린다. 그런데 당신의 시간을 커피 마시는 데 쓰는 것이 적절한가? 이럴 때는 미리 세워두었던 목표와 시한을 떠올려보자. 잠시 커피를 마시고 와도 정해둔 시한을 맞출 수 있을까? 마침 아침에 출근한 뒤로 잠시도 쉬지 않고 일한 참이라면 15분의 휴식이 꼭 필요할 수도 있다.

핵심은 스스로에게 "가던 방향을 유지할 것인가, 바꿀 것인가?"라는 질문을 던짐으로써 수동적이고 자동화된 선택 대신 의식적, 주도적 선택을 내릴 수 있다는 것이다.

**인생의 행복은 어떤 생각을 하느냐에 달려 있다.**
**미덕이나 이성에 반하는 생각에 빠지지 않도록 주의하라.**

마르쿠스 아우렐리우스Marcus Aurelius, 로마 16대 황제

"가던 방향을 유지할 것인가, 바꿀 것인가?"라는 질문은 비생산적인 생각의 흐름에서 벗어날지 말지를 결정할 때에도 유용하다. 무익한 생각에 빠져 있을 때 그 생각을 계속해야 할지, 아니면 다른 곳에 주의를 돌려야 할지 스스로에게 조용히 질문을 던져보라.

내가 사는 마우이 섬으로 놀러와 함께 해변을 산책하던 내 친구가 바로 그렇게 했다. 친구는 어느 순간 자기가 이혼한 이야기를 시작했다. 지루하고 추악한 다툼으로 얼룩진 이혼이었다. 친구는 흥분하여 얼굴

까지 상기된 채 전 남편을 헐뜯었다. 그러다가 갑자기 말을 멈추고 눈앞에 펼쳐진 멋진 풍경을 바라보았다. 그리고 "왜 내가 계속 이혼 생각을 하는 거지? 이렇게 아름다운 곳에서 말이야"라고 말했다.

친구는 그 순간 잊어버려야 할 문제와 사건에 자기 마음이 묶여 있음을 깨달았던 것이다. 아름다운 휴양지에 휴가를 와서는 이미 수년 전에 끝나버린 이혼 과정을 떠올리며 스스로를 불행하게 만들고 있었으니 말이다. 그 사실을 깨달은 친구는 화제를 바꾸었고 더 이상 불행해하지 않았다.

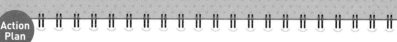

# 생각을 붙잡는 과정

우리 모습을 스스로 선택한 결과이다. _장 폴 사르트르Jean Paul Sartre, 사상가

생각 붙잡기 과정을 통해 집중 상태를 유지해보자. 시작하기 전에 우선 1) 목표를 정하고 2) 시간 계획을 수립하며 3) 잡념에 빠지지 않도록 마음에 막대기를 끼워 넣고 4) 자기 이름을 넣어 문장을 만들라. 집중 수행의 갈림길에 놓였다면 그때마다 샛길로 빠지지 말고 잠시 멈춰 생각하라. 무엇이 당신의 T.I.M.E를 가장 잘 사용하는 길인지 고민하라.

애초의 목표와 다른 것에 주위를 돌리고 있다면 "가던 방향을 유지할 것인가, 바꿀 것인가?"라는 질문을 던져라. 부정적이거나 우울한 생각이 마음을 떠나지 않는다면 "왜 이 생각을 하는 거지?"라고 스스로에게 물어보라. 마음에 막대기를 단단히 끼워 넣도록 하자.

## 혼란 상태

**우왕좌왕하는 마음**
"엉뚱한 질문이 나오면 어떡하지? 아, 세탁소 들리는 걸 잊으면 안 되는데……. 먼저 팩스를 보내고……. 이런, 벌써 회의 시간이잖아!"

**생각에 휘둘리기**
"또 바보같이 굴면 어떡하지?"

**주의가 분산된 상태**
"머리 상태는 괜찮은가? 옷이 구겨지지는 않았겠지?"

**생각의 흐름을 놓치고 방황하기**
"빌이 앉아 있잖아! 분명 반대할 텐데. 온갖 이유를 다 댈 거야."

**균형감 상실**
"모르는 걸 물어보면 죽어버릴 거야. 준비 안 된 발표자로 보이는 건 정말 끔찍하겠지."

## 집중 수행 상태

**마음에 막대기 끼워 넣기**
"잡생각은 그만. 앤, 15분 동안은 발표의 핵심을 완벽하게 외우는 데 집중하자."

**생각을 통제하기**
"이 제안이 받아들여지도록 최선을 다하겠어."

**일에 집중하기**
"내 모습이 아니라 발표가 중요해. 난 이 제안에 필요한 재정지원을 얻어낼 거야."

**생각의 흐름을 붙잡기**
"미리 걱정해봐야 소용없어. 이 제안의 가치를 모두에게 설득하는 데 집중하자."

**균형감 회복**
"청중을 둘러봐. 이런 사람들 앞에서 이런 중요한 제안을 발표할 수 있다니 얼마나 기쁜 일이야."

# 09 ── 부정문은 생각에서 지워라

**연극 〈애니〉를 관람한 후**
**나는 그 멍청한 '투모로우' 노래를 머리에서 지우기 위해**
**며칠 동안 작은 망치로 내 머리를 때려야 했다.**

이언 쇼얼즈Ian Shoales, 음악가


싫은데도 자꾸 떠오르는 생각에서 벗어나기 위해 늘 머리를 망치로 때려야만 하는 것은 아니다. 반갑지 않은 생각은 교체, 재해석, 삭제가 가능하다.

그런데 먼저 기억해야 할 것이 있다. 어떤 생각을 하지 '말자'고 생각하면 바로 그 생각에 주의를 돌리는 효과가 생긴다는 것이다. 예를 들어 스노보드를 타고 슬로프를 내려오면서 '넘어지지 말아야지'라고 생각하면 곧바로 우리 의식 속에 넘어진다는 생각이 들어오게 된다.

우리 마음은 근본적으로 생각하지 말라고 전해진 것을 생각하지 않을 수 없다. 복잡한 이야기 같지만 실제가 그렇다. 우리 두뇌는 마치 컴퓨터처럼 움직인다. 말을 그대로 받아들일 뿐 의도를 고려하지 않는다. 게다가 장면을 상상하는 데 명수이다. 가령 "쇼핑몰에 가고 싶어"라고 중얼거려보라. 당신의 마음속에는 이미 근처 쇼핑몰의 모습이 떠올랐을 것이다. "난 쇼핑몰에 가지 않을 거야"라고 중얼거릴 경우에도 마음은 '쇼핑몰'이라는 단어에 초점을 맞춘다. '안 한다'라는 단어는 무시되는 것이다.

또한 "난 미치지 않을 거야"라고 말할 때 우리 마음은 '미치다'라는 어휘와 우리가 바라는 바를 분리시켜 이해하지 못한다. 컴퓨터가 그렇듯 입력된 내용을 기록해 그대로 출력할 뿐이다. '미치다'라는 단어가 입력되면 그와 관련된 이미지가 떠오르기 시작한다. 마찬가지로 스노보드를 타면서 "넘어지지 말아야지"라고 중얼거리는 것은 꼿꼿이 잘 서 있겠다는 의지의 표현이지만 마음은 그렇게 받아들이지 않는다. 어쩌면 그 사람은 내려오는 길에 쾅당 넘어졌을지도 모른다.

**우리 어머니는 수동적이면서 동시에 공격적인 분입니다.**
**"넌 뭐든 제대로 하는 게 없구나.**
**그래서 난 널 사랑한단다"라고 하시지요.**

로라 실버맨Laura Silverman, 배우

세상에는 자칫 잘못하면 이중 메시지가 되어버리는 말들이 적지 않다. 무언가에 초점을 맞추지 말라고 두뇌에 명령할 때 흔히 이런 일이 일어나곤 한다. 코미디언 폴라 파운드스톤Paula Poundstone의 말이 이를 잘 보여준다. "뉴욕 지하철은 좀 이상하더군요. 온 사방에 '침 뱉지 마시오'라고 써두었어요. 그전까지는 침 뱉을 생각이 전혀 없었지만 여기저기서 그 경고문을 보자 저절로 침이 뱉고 싶어지더군요."

자연은 진공 상태를 싫어한다고 한다. 무언가를 하지 말라는 명령을 받으면 마음이 잠깐 동안은 명령에 복종할지 모른다. 그러나 이 순간 공백 상태가 되어버린다는 것이 문제다. 다른 건설적인 무언가로 재빨리 빈자리를 채우지 않으면 우리 마음은 이전의 무익한 생각, 이미지, 행동으로 되돌아가 버리고 만다.

과식이나 흡연을 하지 않겠다는 결심이 제대로 이루어지지 않는 이유도 바로 여기 있다. 그만두고 싶은 바로 그 행동을 도리어 마음에 새김으로써 성공 가능성을 차단하게 되는 것이다. 그렇다면 이제 어떻게 해야 할까? 유해한 이미지와 아이디어를 교체, 재해석, 삭제하면 된다.

# 10 —— 어떻게든 잊으려 애쓰는 것이 더 해롭다

**나는 내 마음의 전화를 평화, 조화, 건강, 사랑, 풍요로움에 늘 열어둔다. 그리하여 의혹, 불안, 공포가 전화를 걸어오면 늘 통화중 신호만 듣도록, 결국 내 번호를 아예 잊어버리도록.**

에디스 암스트롱Edith Armstrong, 작가


이제부터는 암스트롱의 조언에 따라 마음을 긍정적인 생각으로 가득 채워 파괴적인 생각이 들어올 자리가 아예 없도록 만들어보면 어떨까? 스스로에게 하는 말에는 되도록 소망하는 상태나 결과를 담아라. 우리 마음은 의도를 해석하지 못하고 말 그대로 받아들인다는 점을 기억하고, 일어나지 않기를 바라는 일 대신 일어나기를 바라는 일을 명확히 표현하는 것이다.

자기도 모르게 "걱정하지 않을 거야"라든지 "늦지 말아야지"라는 말이 나오면, 바로 멈춰서 "내가 정말로 원하는 바가 무엇인가?"라는 질문을 던져라. 본래는 모든 것이 잘 풀리리라 믿고 싶은 게 아닌가? 제시간보다 조금 일찍 도착하고 싶은 것 아닌가? 그렇다면 긍정적으로 표현을 교체하는 것이 옳다.

야구감독 요기 베라는 켄 보스웰이라는 선수가 "전 바보인가 봐요.

방망이를 너무 높이 휘둘러요"라고 하소연하자 "그럼 방망이를 낮게 휘두르면 되지"라고 대답했다고 한다. 이런 식으로 달리 표현할 수 있는 상황은 얼마든지 많다. 골퍼라면 "공을 너무 세게 때리지 마!" 대신에 "천천히 부드럽게 채를 휘둘러봐"라고, 부모라면 "수영장 근처에서 뛰지 마!" 대신에 "수영장 근처에서는 걸어 다녀야지"라고 말하면 어떤가.

'한번 입 밖으로 나간 말은 날아다닌다. 절대로 다시 잡을 수 없다'라는 러시아 속담이 있다. 이제부터는 원치 않는 의미를 담은 단어를 입밖에 내기 전에 미리 붙잡아, 원하는 상태를 뜻하는 말로 교체하자.


**골치 아픈 상황이 벌어졌을 때 네 생각은 멀리 떼어버려라.
귀를 잡아 끌어내든, 발을 붙잡고 끄집어내든 수단 방법을
가리지 마라. 그것이 육체가 할 수 있는 가장 건강한 일이다.**

마크 트웨인Mark Twain, 소설가


골치 아픈 상황에서 우리 생각을 떼어내는 또 다른 방법은 문젯거리에 긍정적인 색깔을 입히는 것이다. 부정적인 감정을 부여할수록 그 일이 우리 마음의 평화를 깨뜨릴 가능성은 점점 커진다. 싫은 사람이나 상황, 감정을 다른 시각에서 바라보면 한층 더 장기적인 판단이 가능하고 나아가 거기에 사로잡히지 않을 수 있다.

최근 우리 동네 도서관에서 내가 겪은 일이 바로 그러했다. 대출할 책을 골라 사서에게 내밀자 먼저 연체료 32달러를 내라는 말을 들었던 것이다. 나는 기분이 상해 투덜거렸다. 그때 아들 톰이 "엄마, 어차

피 큰 금액이 아니에요. 지난번에 딱 한 번 박물관에 견학 가는 데도 그보다 돈이 더 들었잖아요"라고 말했다. 그 말이 옳았다. 나는 이미 여러 해 동안 수십 번 도서관을 드나들며 수백 권의 책을 공짜로 보지 않았는가. 그렇게 생각하면 32달러는 무척이나 싼 가격이었다.

다소 건조하게 말하자면 이미 벌어진 사건을 부정적으로 해석하는 데 매달리는 대신 교훈을 끌어내려 애쓰는 것이 생산적이다. 그리하여 지혜나 가치를 얻어냈다면 그 사건은 더 이상 우리를 불행하게 만들지 못한다. 마음을 가다듬고 "이 일을 달리 생각할 방법은 무엇일까?"라는 질문을 던져보라.

내 아들 앤드루가 벼룩시장에 참여했을 때도 이와 비슷한 일이 있었다. 아들은 몸이 커져서 더 이상 탈 수 없게 된 산악자전거를 내놓았다. 새것이나 다름없는 자전거였다. 그런데 앤드루가 다른 부스를 구경하러 간 사이에 이웃사람이 250달러는 받아야 할 그 자전거를 단돈 25달러에 팔고 말았다. 앤드루는 속이 상해 펄펄 뛰었지만 어쩔 수 없었다.

이 순간에도 톰이 나섰다. "이렇게 생각해봐. 제값 주고는 자전거를 사기 힘든 어느 가난한 부모가 운 좋게 형 자전거를 싸게 사 아들의 크리스마스 선물로 주었다고 말이야." 톰 덕분에 상황은 완전히 뒤바뀌었다. 앤드루는 손해 본 돈 대신 행운을 거머쥔 아이에게 초점을 맞추면서 그 일을 웃으며 넘길 수 있었다.

원치 않는 생각을 재해석하는 또 다른 방법은 "이미 일어난 일을 내가 바꿀 수 있나?"라고 묻는 것이다. 일단 벌어진 상황은 돌이킬 수 없을 때가 많다. 앤드루는 자전거를 산 사람을 찾아가 돈을 더 요구할 수 없었다. 나도 사서에게 사정을 말해봤자 연체료가 줄어들지 않을 것이었다. 돌이킬 수 없는 일에 화내봤자 아무 소용이 없다. 자기만 정신적으로 지칠 뿐이다. 이렇게 상황을 바꾸지 못한다면 상황에 대한 자기 생각을 바꾸는 것이 아무래도 낫지 않겠는가.

그러자 어느 회의론자는 이렇게 반박했다. "도서관 연체료 같은 문제에서는 그런 변형이 유용하겠네요. 하지만 저는 지난 5년 동안 세 번이나 해고를 당했습니다. 먹고살 길이 막막한 상황을 어떻게 재해석할 수 있다는 건가요?"

나는 워크숍에 참석한 다른 사람들의 의견을 구했다. 잠시 후 스티브라는 남자가 입을 열었다. "그런 상황에서는 재해석이 더더욱 중요하다고 생각합니다. 우리 회사도 지난해 구조조정을 했고 그 와중에 제 일자리가 없어졌지요. 제 젊음을 다 바쳐 관리자 직급에 올랐는데 말입니다. 저는 그 상황을 받아들일 수 없어 거의 한 달 동안 집에 틀어박혀 슬픔과 분노에 휩싸여 있었습니다.

그러다가 회사가 주선해준 취업 컨설턴트와의 면담에 나갔습니다. 컨설턴트는 제가 생각을 바꾸지 않는 한 상황은 나아질 수 없다고 잘라 말하더군요. 해고를 당해 분노에 사로잡혀 있는 사람은 어느 회사에서도 원치 않는다고요. 그리고 제가 불평이나 불만을 한마디도 하지 못하게 했습니다. 그런 부정적인 말이 나오는가 싶으면 재빨리 개입해 막았지요. '그쪽으로 빠지면 안 돼요' 혹은 '어서 돌아 나오세요'라고 말하면서 말입니다. 효과가 있었어요. 덕분에 저는 바닥에서 탈출할 수 있었답니다."

건축가 프랭크 로이드 라이트Frank Lloyd Wright에게 전화가
걸려왔다. 라이트가 설계한 집에 살고 있다는 남자는 "이보시오,
지금 내가 식당에 앉아 있는데 머리 위에서 물이 떨어져요"라고
말했다. 라이트는 한마디로 대답했다. "옮겨 앉으시면 어떨까요?"

프랭크 로이드 라이트는 나름대로 현명하게 대답했다. 집중 수행이
잘 안 된다면 그 이유를 없애든지, 아니면 그 원인에서 우리를 빼내든지
할 수 있다. 무익한 상황에 대한 사고를 교체하거나 재해석하는 대신
아예 삭제하는 것이다.

"남자친구가 떠나버린 후 전 무척 힘들었어요. 함께 살던 아파트 어
느 곳에나 추억이 있었거든요. 함께 보던 영화 비디오들, 반값으로 싸
게 구입해 좋아했던 소파, 함께 밥을 먹었던 식탁 등등. 결국 저는 그 집
에 머무는 한 남자친구를 잊을 수 없다는 결론을 내리고 이사를 결심했
지요. 가구도 다 처분하고 반대쪽 동네에 새집을 구했어요. 이제 반년
쯤 지났는데 드디어 그 기억에서 벗어난 것 같아요." 초인적인 의지를
발휘해 떠나간 애인을 어떻게든 잊으려 노력하는 대신 이 현명한 여인
은 남자친구를 떠올리게 하는 환경을 없앴다. 눈에서 멀어지면 마음에
서도 멀어지는 법이니까.

마크 트웨인은 "우리 삶은 '사실'로 이루어지지 않는다. 끝없이 마
음속에 휘몰아치는 '생각'의 폭풍으로 이루어진다"고 하였다. 지금 당
신의 마음속에서는 어떤 생각의 폭풍이 휘몰아치고 있는가? 당신의
T.I.M.E.를 가치 있게 만들어주는 생각이라면 괜찮다. 그러나 그렇지
않다면 적극적으로 교체, 재해석, 삭제하길 권한다.

# 원치 않는 생각을 교체, 재해석, 삭제하기

좋은 마음은 긍정적인 것, 진보적인 것, 확신할 수 있는 것을 선택한다. _랄프 왈도 에머슨
Ralph Waldo Emerson, 작가

몽테뉴Montaigne는 잊으려고 노력하는 만큼 기억에 선명하게 각인되는 법이라고 하였다. 원치 않는 생각을 잊으려 애쓰는 대신 교체, 재해석, 삭제하라. 지금 무엇을 원치 않는다고 말하고 있다면 즉시 멈추고 바로잡아라. 그리고 원하는 것이 무엇인지 말하도록 하라. "이 일을 달리 생각할 방법은 무엇일까?"라는 질문을 통해 상황을 재해석하라. "대안이 무엇인지 생각해보면 나이 든다는 것도 썩 나쁘지는 않다"라는 영화배우 모리스 슈발리에Maurice Chevalier의 말은 재해석의 좋은 사례이다. 다른 시각에서 생각해보면 불만이 얼마든지 고마움으로 바뀔 수 있다.

## 혼란 상태

**부정문으로 생각하기**
"상대를 두려워하지 않겠어."

**원치 않는 생각을 강화하기**
"질 거라고는 생각하지 않아.
작년에는 졌지만 그건 상관없어."

**아무 도움이 안 되는 상상**
"상대의 스핀 서브는 아주 강력해. 난
도저히 받아넘길 수 없을 거야."

**다시 부정문으로 생각하기**
"서브 실패로 실점하면 안 돼. 다른
멍청한 실수도 저지르면 안 되고!"

**부정적인 예측**
"어쩌면 좋지. 우리 팀이 지면 안
되는데."

## 집중 수행 상태

**생각 속에서 부정문을 삭제하기**
"나 자신이 만족스러운 시합을
펼치는 거야."

**원치 않는 생각을 재해석하기**
"난 최고의 컨디션이야. 그러니 이
시합에서 최고의 기량을 마음껏
선보일 거야."

**무익한 장면을 교체하기**
"미리 잘 준비해서 재빨리 서브를
받아넘겨야지."

**부정적인 생각을 삭제하기**
"내가 넣는 서브는 다 성공할 거야."

**긍정적인 예측**
"최선을 다해 우리 팀의 승리에
기여하겠어."

# conZentrate

행동하려면 행동의 이유가 분명해야 한다. 이는 동기 부여의 기본 개념이다. 우리가 어떤 행동을 하는 이유는 딱 두 가지뿐이다. 해야 하거나 하고 싶거나, 이 둘 중하나이다. 해야 하기 때문에 하는 일은 억지로 마지못해 하거나, 피할 수만 있으면안 하려 든다. 집중 수행을 해야 한다고 아무리 마음에 명령해도 마음은 자꾸 반항할 수 있다. 그래서 대상을 정하고 초점을 맞출 때에는 하고 싶다는 마음부터 우선만들어야 한다.

conZentrate

TRACK
3

# 미루는 습관을
# 버리는 연습

노력을 들이지 않는 일은 끝낼 때까지
얼마나 오래 걸리는지 놀랄 지경이다.

_랠프 왈도 에머슨

# 11 ── 행동하려면 이유가 분명해야 한다

**루시: 사람이 정말로 바뀌는 일이 가능할까?**
**라이너스: 난 지난 한 해 동안 많이 바뀌었어.**
**루시: 난 좋은 방향으로 바뀌는 걸 말하는 거야.**

찰스 슐츠Charles Schulz, 《스누피》 중에서

집중하라는 당신의 지시를 두뇌가 무시한 일이 있는가? 집중 수행의 정의 가운데 하나가 '행동으로 나타나는 관심'이었음을 다시 떠올려보라. 관심이 없으면 행동도 없다. 앞에서 어떻게 우리 두뇌가 방해 요소를 극복하고 초점을 맞추게 할 것인지 살펴보았으니, 이제 마음이 내키지 않을 때 주의를 집중할 방법을 설명해보자.

행동하려면 행동의 이유가 분명해야 한다. 이는 동기 부여의 기본 개념이다. 우리가 어떤 행동을 하는 이유는 딱 두 가지뿐이다. 해야 하거나 하고 싶거나, 이 둘 중 하나이다. 해야 하기 때문에 하는 일은 억지로 마지못해 하거나, 피할 수만 있으면 안 하려 든다. 집중 수행을 해야 한다고 아무리 마음에 명령해도 마음은 자꾸 반항할 수 있다. 그래서 대상을 정하고 초점을 맞출 때에는 하고 싶다는 마음부터 우선 만들어야 한다. 어떻게 이것이 가능할까? 한 가지 해답은 주의를 집중할 때 얻을

수 있는 이익을 생각하는 것이다.

**증기나 가스는 모아 가두지 않으면 연료가 되지 않는다.**
**나이아가라 폭포는 터널을 통과하지 않으면**
**전기를 만들어내지 못한다.**
**마음을 모으고 훈련하지 않으면 그 어떤 삶도 위대해지지 못한다.**
해리 에머슨 파즈딕Harry Emerson Fosdick, 목사

마음을 모으고 초점을 맞춰야 하는데 좀처럼 되지 않을 때는 다음 목록을 훑어보자. 집중 수행이 가져오는 구체적인 혜택과 대가를 떠올리면 자꾸 흐트러지는 마음을 다잡을 수 있을 것이다.

### 대가1 시간이 덜 걸린다

한 번에 제대로 해낼 시간도 부족한데 다시 할 시간이 있겠느냐는 포스터 글귀를 본 적이 있다. 집중 수행은 한 번에 제대로 해내도록 해준다. 이는 특히 지루한 일일 때 효과적이다. 재미없는 일을 처리해야 할 때 금쪽같은 토요일에 온종일 매달리는 것보다 한두 시간 만에 해치우는 편이 좋지 않은가? 주의를 집중하면 그 일을 해내는 데 드는 시간이 줄어들 뿐 아니라, 실수를 바로잡거나 무심코 빼먹은 부분을 처리하는 시간까지도 절약할 수 있다.

### 대가 2 생산성이 높아진다

100% 집중하면 더 많은 일을 해낼 수 있다. 더 많은 편지를 쓰고, 더 많은 전화를 받을 수 있다. 눈앞에 쌓여 있는 프로젝트들을 차례로 끝내며 해야 할 일의 목록을 지워나갈 수 있다. 집중 수행의 질과 결과물의 양은 정비례한다.

### 대가 3 자신감이 높아진다

어느 배우, 음악가, 운동선수를 붙잡고 물어보든 간에 집중 수행과 자신감은 마치 닭과 달걀처럼 긴밀하게 연결되어 있다는 말을 듣게 될 것이다. 마크 트웨인은 "스스로 인정하지 못하는 한 자신감은 느낄 수 없다"라고 말한 바 있다. 의혹을 떨쳐내고 자신을 인정하고 행동을 촉진하는 사고방식을 집중 수행하라. 이는 공포를 평온으로, 불안을 확신으로 바꾸는 열쇠가 된다.

### 대가 4 마음의 평화를 가져온다

마하트마 간디Mahatma Gandhi는 우리 모두가 자기 안에서 평화를 찾아야 한다고 했다. 진정한 평화는 외적 상황과 무관하다는 뜻이다. 집중 수행이라는 말의 의미는 스트레스를 안겨주는 사건이나 사람이 아닌 우리 자신이 우리 생각을 스스로 통제한다는 것이다. 집중 수행을 통해 우리는 내적 평화 체계를 구축하여 그 어떤 시험과 시련에도 마음의 평온을 유지할 수 있게 될 것이다.

## 대가 5 더 많은 목표를 달성하게 된다

미국 경제학자 존 클라크John B. Clark는 "인내는 느리게 노력할 수 있는 능력이다"라고 말했다. 목표가 세금 계산이든 논문 작성이든 상관없이 집중 수행은 긴 호흡으로 노력하도록 해준다. 다시 말해 상황이 어려울 때 쉽게 포기하지 않게 되는 것이다.

## 대가 6 삶의 질이 향상된다

스페인 철학자 호세 오르테가 이 가세트Jose Ortega y Gasset는 "당신이 주의를 기울이는 것이 무엇인지 말해준다면 당신이 누구인지 알려드리지요"라고 했다. 단순하지만 참으로 심오한 말이다. 위대한 사상가들은 다들 비슷한 결론을 내리고 있다. 우리 삶의 질은 우리 생각의 질을 직접적으로 반영한다. 시인 존 밀턴John Milton이 지적했듯 "마음은 독자적인 공간이다. 그 안에서 지옥이 천국이 되기도 하고 천국이 지옥이 되기도 한다."

대학에서 학생들을 가르치고 있다는 한 여성은 워크숍이 끝난 후 내게 다가와 이렇게 말해주었다. "집중 수행이 중요하다고 어렴풋이 생각해오기는 했어요. 하지만 집중력이 자신감에서 삶의 질에 이르기까지 그야말로 모든 것에 영향을 미친다고까지는 생각하지 못했지요. 학생들의 공부를 돕고 싶은 마음에 이 워크숍에 참석했는데, 이제부터는 매 학기에 짧게나마 집중 수행 연습을 넣어야겠어요. 학교에서는 물론이고 나중에 졸업한 후에도 학생들이 두고두고 도움을 받을 수 있을 테니까요."

더 나아지도록 마음을 바꾸는 데 너무 늦은 때는 없다. 언제라도 앞에 열거한 대가들을 기억한다면 그것이 충분한 동기 부여가 될 것이다.

# 마음을 바꾸고 싶은가?

그 사람은 마음을 바꾸었지만 예전 마음에 비해 나을 것이 별로 없었습니다. _헤니 영맨
Henny Youngman, 코미디언

인간이 가진 유일한 능력이 바로 변화 능력이라고 한다. 집중 수행이 필요한데 당신 마음이 "잘될 리 없어"라고 말하고 있다면 집중 수행의 대가를 따져보라. 주의를 집중하기에 충분한 이유가 될 수 있다. "이 문서 작성을 끝내야 해"라고 말하는 대신 "난 집중 수행을 선택하겠어. 왜냐하면……"이라고 말하며 당신이 가장 공감하는 집중 수행의 대가를 덧붙여보라. 독일 정치인 루드비히 에르하르트Ludwig Erhard는 죽기 살기로 살라고 했다. 우리도 죽기 살기로 집중 수행을 해보자. 충분한 대가를 얻을 것이다.

## 🌀 혼란 상태

**집중 수행을 반드시 해내야 한다고 생각하기**
"이번 시험공부를 죽어라 해야 해. 그러지 않으면 실패하게 될 테니까."

**주의 집중을 거부하기**
"정말 지루한 선생님이야. 이 수업이 싫어. 저 중얼거리는 목소리는 들어주기 힘들군."

**초점 맞추기를 주저하기**
"대수학은 하여튼 시간 낭비야. 실생활에 아무 쓸모가 없잖아."

**집중 수행의 필요성을 거부하기**
"도서관에 가서 공부를 하려 했지만 오늘은 토요일이잖아! 일단 주말을 즐겨야지!"

## 💡 집중 수행 상태

**집중 수행을 진정으로 원하기**
"시험 준비를 열심히 해서 좋은 점수를 받고 싶어."

**주의 집중을 선택하기**
"노트 필기를 잘 해두어야지. 그러면 구술 시험을 잘 치를 수 있을 거야."

**초점 맞추기를 준비하기**
"내 전공에서 필요한 과목이니까 잘 해놓고 싶어."

**기꺼이 집중 수행하기**
"아침에 제일 먼저 도서관에 가서 아무 방해도 받지 않고 공부를 하겠어."

# 12 —— 지금 행동하고 나중에 느껴라

**시도하기 전까지는 자기가 무엇을 할 수 있는지 아무도 모른다.**

푸블리우스 시루스Publilius Syrus, 로마 작가

관성과 가속도의 법칙이 있다. 관성의 법칙은 정지된 물체는 계속 정지하려는 성향이 있고, 움직이는 물체는 계속 움직이려는 성향을 지닌다는 것이다. 관성은 서 있는 자동차에 비유할 수 있다. 누군가 움직이도록 힘을 가하지 않는 한 차는 계속 그 자리에 서 있게 된다. 하지만 일단 한번 굴러가기 시작하면 계속 혼자서 굴러간다. 힘을 가하면 속도도 붙는다. 바로 가속도의 법칙이다.

우리 두뇌에도 같은 원칙이 적용된다. 관성에 사로잡힌 마음은 굴러가도록 힘을 가하지 않는 한 계속 그렇게 머무르려 한다. 하지만 일단 힘을 받으면 가속도가 생겨 스스로 움직이는 멋진 상태에 도달한다. 물론 이런 멋진 마음상태는 돌리기만 하면 물이 콸콸 나오는 수도꼭지처럼 즉시 만들어지지 않는다. 경주용 자동차를 구석구석 세심하게 손보듯 우리 마음속 엔진도 발동을 잘 걸어줄 필요가 있다.

이것이 집중 수행과 무슨 관련이 있냐고? 집중하려는 마음이 들지 않을 때는 보통 해야 할 일이 너무 어렵기 때문이라서가 아니다. 그저

마음이 관성 상태에 있기 때문이다. 이런 경우 일단 시동을 걸고 불편한 처음 몇 분만 참아낼 수 있으면 우리 마음이 스스로 방향을 바꿔 굴러가기 시작할 것이다.

지그문트 프로이트Sigismund Freud는 "영감이 떠오르지 않으면 내가 먼저 마중을 나간다"라고 말한 바 있다. 과연 현명한 사람이다. 그는 그저 자리에 앉아 신의 은총을 기다리지 않았다. 위대한 발견은 먼저 시동을 거는 사람에게 찾아온다는 점을 알고 있었던 것이다.

이 장에서는 영감을 마중 나가는 방법을 살펴보려고 한다. 어느 순간 죽은 사람처럼 꼼짝하기 싫을 때, 어떻게 열정을 끌어내고 발휘할 수 있을지 살펴보자.

## 해보지 않은 경험에서는 아무것도 배울 수 없다.

루이 라무르Louis L'Amour, 작가

이제부터는 관성에 사로잡혀 꼼짝 못하게 되는 대신 '지금 행동하고 나중에 느껴라'라는 접근법으로 시동을 걸어보자. '이 일을 시작해 5분 동안 계속하겠어. 그 5분이 지나도 계속 하고 싶지 않다면 그만두는 거야'라고 스스로에게 말하는 것이다. 몇 분만 지나면 대개는 그 일이 생각만큼 힘들지 않다는 것을 알게 된다. 소설가 마들렌 랭글Madeleine L'Engle도 "영감은 작업하기 전이 아니라 작업하는 중에 생겨난다"라고 하였다. 일단 정지 상태를 벗어나 일을 시작하면 이제 일은 우리 앞길을 가로막기보다 치워주는 상황이 되고, 점차 그 상황을 계속 유지하려는 내적 동기가 부여된다. 심지어 그 일을 즐기게 되기도 한다.

심리학자 윌리엄 제임스는 '감정이 행동을 이끄는 경우보다 행동이 감정을 이끄는 경우가 훨씬 많다'는 위대한 발견을 해냈다. 무언가 하고 싶어질 때까지 기다린다면 결국 하지 못할 가능성이 크다. 토론은 더 이상 필요 없다. 시작하고 싶은지 스스로에게 묻지 말고 그냥 시작하라. 머릿속의 게으름뱅이가 항의하는 소리("지금은 너무 추워", "어제 밤늦게까지 깨어 있었기 때문에 피곤하잖아" 등등)에 주의를 기울이기 시작하면 끝없는 갈등에 빠질 뿐이다. 감정은 논리보다 더 큰 설득력을 지닌다. 감정에 휘둘린다면 결국 유익한 일 대신 기분 좋은 일만 하게 되고 만다.

자신과의 대화에 사로잡히지 말라. 때로는 어떻게 느끼든 상관 말고 그냥 시작해야 한다. 마음의 칭얼거림을 무시하고 5분 동안 일을 하고 나면 행동하는 것 자체가 동기 부여가 된다는 점을 어느덧 깨닫게 될 것이다.

한 여성은 내 이야기를 듣고 드디어 오래된 결심을 실행에 옮겼다고 한다. "집에서 2분 거리에 멋진 수영장이 생겼어요. 더 이상은 수영을 미룰 핑계가 없어진 것이지요. 대학에 다닐 때 전 배영선수로 활약했거든요. 문제는 지금은 살이 많이 쪘고 이 몸매에 수영복을 입고 남들 앞에 나서는 게 끔찍하다는 점이었어요. 운동을 하지 않아 몸매가 망가졌는데 이제는 또 몸매가 보기 싫어 운동을 못 하는 악순환에 빠진 셈이었어요.

악순환을 벗어나는 유일한 방법은 용감하게 수영을 시작하는 것뿐이라는 점을 저 스스로도 결국 인정했어요. 저 자신에게 말할 틈을 주지 않는 것이 핵심이었지요. 두뇌가 생각하지 못하게 했어요. 살이 출

렁거리는 팔다리를 상상하지도 못하게 했답니다. 그리고 그냥 수영장으로 가서 수영복을 챙겨 입고 물에 들어가 발차기를 시작했어요. 그게 석 달 전의 일이었는데, 최근 몇 년 동안 제가 제일 잘한 일이었지요. 새로운 친구를 사귀었고 쉬지 않고 1킬로미터 이상 수영할 수 있게 되었어요. 제일 좋은 건 제 스스로 만들어낸 악몽에서 벗어났다는 거예요. 더 이상 수영복 입은 저를 사람들이 어떻게 생각할지 걱정하면서 집에 숨어 있지 않게 된 것이지요.”

코미디언 마샤 도블Marsha Doble은 “저는 두뇌가 미처 알아차리기 전에 아침 일찍 운동을 시작한답니다”라고 하였다. 옳은 말이다. 신체 단련을 하고 싶을 때 꼭 두뇌와 의논할 필요는 없다. 의논을 시작하면 집에 가만히 앉아 있어야 할 온갖 이유를 듣게 될 것이다. 그 마음을 그냥 닫아버려라.

자, 당신이 하고 싶었지만 하지 못했던 일은 무엇인가? 머리를 붙잡아 매고 행동에 나설 수 있겠는가? 관성 상태를 벗어나 더 이상은 놓쳐버린 기회, 만나지 못한 사람, 경험하지 못한 사건에 대해 아쉬워하지 않을 수 있겠는가? 행동한 것에 대해서는 후회할 일이 없다. 다만 행동하지 못한 것에 대해 후회할 뿐이다.

# 13 —— 중간 목표를 설정하라

**목표를 달성하지 못한 것이 인생의 비극은 아니다.
달성하고 싶은 목표가 없는 것이 비극이다.**

헬무트 슈미트Helmut Schmidt, 정치인

수비수도, 골대도 없는 축구 경기를 상상해보라. 선수들은 경기를 얼마나 잘했는지, 몇 점을 올렸는지 알 수 없다. 축하할 것도 없다. 목표가 없는 노력은 무의미하다.

축구장 양쪽에 골대가 서 있듯이 우리 각자의 프로젝트에도 골대가 필요하다. 시작 시간과 종료 시간을 정해두어야 한다. 시작 시간이 없다면 언젠가 그 일을 해야 한다는 모호한 생각만 할 뿐 시작할 마음을 먹기 어렵다. "쌓인 서류 작업을 해치워야 해"라고 중얼거려봤자 소용 없다. 서류 작업을 해치워야 한다는 건 알지만 당장 해야 할지, 다음에 시간 날 때 해야 할지 정하지 않았기 때문이다.

일을 끝낼 시간도 사전에 정해두어야 한다. 집중 수행을 통해 일을 시작하는 것과 끝날 때까지 집중 수행을 유지하는 것은 다른 종류의 과업이다. 특정 시간까지 끝내야 한다는 생각을 하고 있지 않으면 태만해질 수밖에 없다. 마감도 없는데 스스로를 들볶을 이유가 없지 않은가?

일은 주어진 시간만큼 걸리게 마련이라는 파킨슨 법칙Parkinson's Law을 기억하라. 자녀들에게 집안일을 시키면서 언제까지 끝내야 하는지 정해주지 않는다면 목표가 없는 셈이 된다. 아이들은 느릿느릿 방 청소를 할 것이다. 쓰레기를 버리러 나가면서 농구연습을 하기도 하고 세차하다가 물총싸움을 벌이기도 할 것이다. 그러다가 몇 시간이 흘러갈 수도 있다. 그날 다른 계획이 없다면 괜찮지만 외출할 계획이 있거나 다른 약속이 있다면 큰일이다. 이런 경우 점심 때까지 집 안을 깨끗하게 청소한다면 게임방에 갈 수 있도록 허락해주겠다고 제안할 수 있다. 아마 태도가 달라질 것이다. 마지못해 움직이던 아이들이 근면 성실한 모습으로 확 바뀔 것이다.

집중 수행에도 끝나는 시간이 중요하다. 끝이 보이지 않는 일은 우리 마음에 동기를 부여하지 않는다. 아무리 좋은 결심을 했더라도 시작 시간과 종료 시간이 정해지지 않으면 그저 결심으로만 남는다. 이때 시간적인 제한을 설정하면 더 빠르게 해당 과제에 초점을 맞추도록 해줄 것이다.

이와 함께 중간 목표를 설정할 필요도 있다. 단번에 최종 목표에 도달하는 것은 불가능하다. 잘못하다가는 실패를 거듭하면서 결국 희망을 잃고 포기하고 말 것이다. 복잡한 일을 해결해야 할 때 우리는 이런 함정에 자주 빠지곤 한다. 일을 한 덩어리로 보고 도저히 다 해낼 수 없다는 생각에 결국 포기하거나, 아니면 아예 시작도 못하는 것이다.

이제부터는 장기적인 과제를 수행할 때 중간 목표를 설정하라. 도전적이지만 달성 가능한 부분들로 과제를 나눠라. 말하자면 축구 골대에 단계적으로 접근하는 것이다. 한 단계를 성공적으로 완수하면 자부심을 느끼면서 기뻐해도 좋다. 이것이 다음 단계로 나아갈 동기를 부여해 줄 것이다.

교황 요한 바오로 2세는 "미래는 내일이 아닌 오늘 시작된다"라고 하였다. 당신이 마음에 담아두었지만 하지 못했던 일이 혹시 시작 시간과 종료 시간을 명확히 하지 않았기 때문은 아니었는가? 일단 시작은 했지만 결국 엄두가 나지 않아 포기한 경우인가? 첫 단계를 마친 것에 충분한 의미를 부여하지 않았던 탓은 아닌가? '장애물이란 목표에서 눈을 뗐을 때 보게 되는 것'이라는 명언을 기억하자. 현실적인 출발점과 도착점, 그리고 성취 가능한 중간 목표를 세우지 않는다면 우리 눈에는 장애물만 보이게 될 것이다.

# 14 —— 거부할 수 없는 보상의 마력

**이곳에서의 삶은 한 번뿐이다.**
**그러니 부드럽고 즐거운 시간만 누리려 들지 말고**
**끊임없이 시도하고 성취해야 한다.**

시어도어 루스벨트Theodore Roosevelt, 전前 미국 대통령

우리 마음에 동기를 부여하는 또 다른 방법은 거부할 수 없는 보상을 걸어두는 것이다. 두뇌는 유혹에 약하다. 부드럽고 즐거운 시간을 약속한다면 하기 싫은 일에도 주의를 모으고 성취해낸다. 두뇌에게 두뇌가 원하는 것을 주고 우리는 우리가 원하는 것을 얻어내는 호혜적인 윈-윈 관계가 수립되는 것이다.

내가 아는 어느 자영업자는 이 전략을 활용해 거대한 산처럼 느껴졌던 월별 세금 계산 업무를 해냈다고 한다. 숫자 다루기가 질색이었던 이 자영업자에게 30일마다 매출을 계산하여 세금을 산출하는 일은 큰 고역이었다. 그런데 이제는 매달 첫 번째 금요일 오전에 이전 달 기록을 정리하는 것으로 정해두었다고 한다. 세금 계산을 끝내면 친구들과 골프 모임을 나가는 것으로 스스로에게 상을 준다. 물론 여전히 그 일이 즐겁지는 않지만 오후의 골프 모임을 기대하는 마음으로 세금 계산을

미루지 않게 되었다는 것이 핵심이다.

　도저히 두뇌를 유혹하지 못하겠다면 질문을 던져보라. 하고 싶지 않은 일은 무엇인가? 하지 않았을 경우 어떤 일이 일어나는가? 이들 질문에 답하다 보면 바로 일을 시작해야 한다거나, 미뤄도 문제없다는 결론에 도달하거나 둘 중 하나가 될 것이다. 자, 일하지 않음으로써 생겨날 부정적인 결과를 구체적으로 떠올려보자. 그러면 "하기 싫어. 그냥 안 할래"에서 "하기 싫지만 해내겠어. 그 이유는……"으로 태도가 바뀔 것이다.

　집중 수행을 위해 한참 노력했음에도 마음이 도저히 잡히지 않는다면 신사협정을 맺어라. "이 보고서를 끝내고 나면 저녁 내내 안락의자에 앉아 빈둥거리며 지내자"라고 말하라. 지금 주의를 집중해야 하는 일이 무엇인지, 그리고 이후 주어질 보상은 무엇인지 마음이 분명히 알도록 하는 것이다. 말하자면 우리가 원할 때 원하는 것에 집중 수행하도록 두뇌가 도와주면, 이후에는 두뇌가 원하는 바를 얻도록 해주는 식이다.

　워크숍에서 만난 마빈이라는 참석자는 좌뇌 중심적 세상에서 힘겹게 살아가는 우뇌 중심적인 사람이었다. 컴퓨터를 다루지 못해 업무 능력이 동료들보다 뒤떨어졌고, 그 격차는 날로 커졌다. 그럼에도 컴퓨터 교육 프로그램에 등록할 용기가 나지 않았다. 아들뻘밖에 안 되는 이십 대의 새파란 강사에게 바보 취급당할 것이 두려웠던 것이다. 그러나 그는 결국 보상과 위협을 조합해 결단을 내렸다. 보상은 매주 화요일과 목요일에 교육을 받기 위해 한 시간 일찍 퇴근한다는 것, 그리고 위협은 계속 컴퓨터를 못 다루다가는 승진심사에서 탈락하리라는 것이었다.

시인 바이런<sub>George G. Byron</sub>은 "머리는 생각의 성전이요, 영혼의 궁전이다"라고 하였다. 신전은 하루아침에 만들어지지 않는다. 집중 수행 능력도 마찬가지다. 하고 싶은 때 하고 싶은 대로 하는 것에 오랫동안 익숙해진 두뇌는 좀처럼 명령에 따르지 않을 수도 있다. 그래서 가끔 한 번씩은 질서를 잡아주어야 한다. 분명한 것은 보상을 받아본 두뇌가 우리에게 더 잘 복종한다는 것이다.

집중력, 마법을 부리다

# 15 ── 내일은 늘 올 것이다?

**나는 충분히 감동받지 못했다.**

조지 카우프만George S. Kaufman, 극작가

역설적으로 들리겠지만 우리 마음은 지나치게 부담이 큰 상황뿐 아니라 지나치게 부담이 작은 상황에서도 일을 거부한다. 부담이 너무 크면 도저히 할 수 없을 것 같다고 포기해버리고, 부담이 너무 작으면 그일을 해야 하는 의미를 모르겠다면서 역시 꼼짝하지 않는 것이다.

중요하다고 생각하지 않는 한 마음은 움직이지 않는다. 앞으로의 결과가 충분히 노력할 만한 가치가 있다고 느껴져야 움직이는 법이다. 그런데 집중 수행이 충분히 이루어지지 않으면 성과가 장애물보다 작게 느껴지기 쉽다. 장애물에 더 초점을 맞추기 때문이다.

예를 들어보자. 당신은 지금 편지를 한 통 써야 하는데 계속 미루고 있다. 아마도 당신은 지금까지 편지를 못 쓸 수밖에 없는 이유에 초점을 맞춰왔을 것이다. 시간이 없다는 둥, 너무 오래 미뤄 이제 열 장은 써야 하는 상황이라 엄두가 안 난다는 둥……. 당연히 이런 장애물에 붙잡혀 있는 한 편지는 쓸 수 없다.

이제 초점을 목표로 돌려보자. 어째서 이 사람과 편지로 연락을 하려

하는 걸까? 친구 관계를 유지하는 데 15분을 투자하는 것이 과연 부담스러운가?

편지를 받을 상대에 대해서도 생각해보자. 당신의 귀찮은 마음 대신 친구가 편지를 받고 느낄 감정을 떠올려보는 것이다. 현재의 귀찮은 마음을 단번에 날려버릴 만한가? 그렇다면 친구가 기뻐하는 모습을 상상하며 집중 수행하자. 그리고 자리에 앉아 당장 편지를 쓰는 것이다. 아마 당신 자신도 기쁘리라.

다른 예를 소개해보자. 자녀들이 장성하여 떠나자 홀로 남은 어머니 린다는 앞으로 어떻게 살아야 할지 알 수 없었다. 내가 무엇을 하고 싶으냐고 묻자 학교로 돌아가 미처 마치지 못한 공부를 끝내고 학위를 따고 싶다고 했다. 그런데 어째서 그렇게 하지 않느냐고 다시 묻자 온갖 이유들이 줄줄이 나왔다. 공부하는 법도 잊어버렸고, 어떤 전공을 택해야 할지 모르겠고, 학교에서 제일 늙은 학생이 되는 것도 두렵다는 것이다.

그렇다면 다시 학교에서 공부하는 것이 왜 좋은지 이유를 생각해보라고 조언했다. 재미있어 보이는 과목을 선택해 공부하는 것이 얼마나 신나는 일인지, 그것이 얼마나 자기를 위한 멋진 기회인지 말이다. 나는 단상에 올라 자랑스럽게 학위를 수여받고 학사모를 신나게 던져 올리는 장면을 상상하라고도 했다. 그 순간 린다는 학교로 돌아가 공부하는 것이 주는 보상을 바라보는 쪽으로 시선을 돌렸다. 그리고 얼마 지나지 않아 즐겁게 학교에 다니고 있다는 소식이 들려왔다.

정기적으로 하기로 한 일들, 예를 들어 합창 연습이나 병원 자원봉사 등을 자꾸 미루게 되는가? 결심대로 잘 해냈을 때 어떤 느낌이 들지 미리 상상해보라. 전문 육상 선수들조차 달리기 전에는 두렵고 하기 싫은 마음이 든다고 한다. 이럴 때는 하지 않는 것은 아예 선택 사항도 아니라는 단호한 태도가 필요하다.


## 내일이 절대 오지 않는다고 생각했던 그때가 바로 어제다.
무명


내일이 늘 올 것이라는 생각은 집중 수행을 미루는 근본 이유가 된다. 나중에 언제든 할 수 있다는 생각 말이다. 우리는 흔히 기회가 언제든 우리를 기다려줄 것이라 믿고, 우리가 원할 때 그것을 잡을 수 있으리라 믿는다. 그리고 우리 스스로 준비가 된 언젠가에도 여전히 건강하고 시간과 돈이 그럭저럭 뒷받침해주리라 생각한다. 사실은 그렇지 않은데도 말이다.

역설적이지만 언젠가 죽을 거라는 생각을 마음 한구석에 가지게 되면 될 대로 되라는 태도를 바꿀 수 있다. 우리 삶이 언제든 끝날 수 있다는 사실을 기억한다면 당신의 T.I.M.E.(생각, 관심, 순간, 감정)가 더 이상 당연하게 여겨지지 않을 것이다.

몇 년 전 나는 와이키키에서 개최된 어느 회의에 참석해 집중 수행에 대해 강연한 적이 있다. 강연에 참석한 사람들의 대부분은 하와이에 난생 처음 왔다고 했다. 나는 좋은 기회이니 다음날 아침 6시에 알람을 맞춰놓고 하와이의 일출을 보러 나가자고, 그리하여 여행을 한층 더 감동적으로 만들어보자고 제안했다.

여기에 덧붙여 나는 다음날 아침 알람시계가 울릴 때 어쩌면 새벽잠을 방해한 나를 원망하게 될지도 모른다고, 알람시계를 끄고 다시 누워 자고 싶은 마음이 굴뚝같을 것이라고 했다. 그러나 그 갈등의 순간에 "지금부터 1년 후에는 무엇이 중요하게 여겨질까?"라는 질문을 던져보라고 했다. 한 시간 더 자는 것이 중요할까, 아니면 세계적으로 유명한 그 아름다운 일출을 구경하는 것이 중요할까? 분홍색, 노란색, 주황색으로 곱게 물든 하늘, 뺨을 간질이는 열대의 따뜻한 바람, 향긋한 꽃 내음의 기억은 우리 가슴속에 어떻게 남을까?

다음날 아침 대여섯 쌍의 부부가 나를 따라 일출을 보러 나섰다. 그리고 그들은 "지금부터 1년 후에는 무엇이 중요하게 여겨질까?"라는 질문이 충분한 동기 부여가 되었다고 말해주었다. 그들은 일생일대의 황홀한 기억을 만드는 일이 고작 30분 더 침대에 등을 붙이는 것보다 훨씬 중요하다고 판단했던 것이다.

작가 리타 메이 브라운Rita Mae Brown은 "마감 시한은 부정적인 동기 부여 요소이다. 그래도 동기 부여가 아예 없는 것보다는 낫다"라고 하였다. 다음번에 또다시 새로운 경험 앞에서 망설이게 된다면 당신도 "지금부터 1년 후에는 무엇이 중요하게 여겨질까?"라고 물어보라. 지금 그냥 머뭇거리며 하지 않는 것을 칭찬하게 될까, 내게 주어진 T.I.M.E.를 최대한 활용한 것을 기뻐하게 될까?

우리 마음은 우리 몸보다 게으르다는 프랑스 작가 라 로슈푸코La Rochefoucauld의 말을 떠올려보자. 대체로 우리 몸은 늘 기꺼이 움직일 준비가 되어 있지만 마음이 그것을 가로막는다. 이때 죽음을 기억한다면 미루지 않고 바로 지금 기회를 잡게 될 것이다.

# 익숙한 관성을 넘어서야 할 때 필요한 것

사용하지 않는 철은 녹슨다. 고인 물은 썩는다. 행동하지 않는 마음은 활력을 잃는다. _레오나르도 다빈치ㅣLeonardo da Vinci, 화가

집중 수행을 하고 싶었지만 지금껏 제대로 열정을 발휘하지 못했다고 생각하는가? 마음에 활력을 주기 위해서는 무엇이 필요한가? '지금 행동하고 나중에 느껴라'라는 전략일까? 원하는 결과에 도달하기 위해 중간 단계를 설정하는 것일까? 장애물보다 목표에 초점을 맞추는 태도일까?

법 철학자 런드 핸드Learned Hand는 이렇게 말했다. "우리는 과거의 판결을 받아들인다. 익숙한 관성이 아닌 낯선 행동을 과감하게 선택할 만큼 변화의 필요성이 큰 소리로 울부짖기 전까지는……." 집중 수행의 방법을 알았다 해도 막상 필요한 순간 당신이 알고 있는 그 방법이 동원되지 않는다면 소용없다. 다음 긴 표는 익숙한 관성을 넘어서야 할 때 당신에게 도움을 주기 위한 지침이다. 망설이는 마음이 든다면 이 표를 다시 들여다보라. 집중 수행으로 얻을 수 있는 것을 차분히 떠올려보라. 너무 늦은 때는 없다는 말을 다시 기억하라.

## 혼란 상태

**부담이 너무 크거나 작다고 느끼기**
"안 쓰는 물건을 벼룩시장에 내다 팔아야 하는데……. 그러자니 골치 아픈 일이 너무 많아. 안 하느니만 못하지 않을까?"

**장애물에 초점을 맞추기**
"물건을 정리하는 데만도 몇 시간이 걸릴 거야."

**안 될 이유를 찾기**
"어차피 사겠다는 사람이 없을 거야. 그 시간과 노력을 들여 한두 개 팔면 얼마나 한심하겠어?"

**어려움을 생각하기**
"물건들을 옮기고 진열할 생각만 해도 머리가 아프군."

**목표 부재**
"고등학교 동창회 때 친구들 앞에 멋진 모습으로 나타나야 하는데."

## 집중 수행 상태

**가치 있는 일이라 인정하기**
"안 쓰는 물건들을 작은 돈이라도 받고 팔고 싶어. 벼룩시장에 참여해야겠다."

**목표에 초점을 맞추기**
"일단 광고지부터 만들어야겠다. 그래야 사람들을 많이 모을 수 있어."

**해야 할 이유를 찾기**
"안 쓰는 물건을 치우면 집이 한층 깨끗해지겠지. 나도 더는 죄책감을 느끼지 않을 테고."

**혜택을 생각하기**
"동네 사람들과도 사귈 기회야. 사실 그동안 바빠서 이웃과 만날 기회가 없었잖아."

**목표 설정**
"오늘부터 다이어트를 시작하겠어. 6월 28일까지 5kg을 빼야지."

**달성 불가능한 목표 설정**
"남은 일생 동안 케이크는 절대 안
먹을 거야."

**종착점을 보지 못함**
"이건 너무 힘들어. 늘 배가 고프잖아.
얼마나 오래 버틸 수 있을지
모르겠어."

**전부 아니면 전무라는 태도**
"이렇게는 못 살겠어. 난 음식을
좋아하는 인간으로 태어났나 봐.
동창회에는 가지 말지, 뭐."

**게으름을 피우며 더 자려 하기**
"어제 너무 늦게 잠들었어. 좀 더 자도
괜찮아."

**뒤늦게 후회하기**
"어째서 더 자고 말았을까? 결심한
대로 일어나야 했어."

**나중에 하면 된다고 생각하기**
"매년 이런 행사가 있다는데 뭐.
오늘 안 해도 괜찮아. 또 기회가 있을
거야."

**두뇌에 굴복하기**
"잡일을 하고 싶지 않아. 차도 막힐
것이 분명해."

**관성의 법칙**
"세금 신고는 정말 질색이야. 어떻게
해야 할지도 분명하지 않고 시간도
오래 걸릴 거야."

**기분이 내킬 때까지 기다리기**
"이렇게 날씨가 좋은데 집에 처박혀
있을 수는 없어. 세금 신고는
오늘밤으로 미뤄두자."

**핑곗거리 찾기**
"오늘밤에 세금 신고를 하겠다고
결심하긴 했지만 내가 제일 좋아하는
드라마가 시작하잖아. 일단 이것부터
보고⋯⋯."

**달성 가능한 단계별 목표 설정**
"다이어트 동호회에 가입해 한 주에
1kg씩 감량해야겠다."

**마음속에 종착점을 두기**
"6월 28일에 당당하게 동창회장에
걸어 들어가는 거야. 그동안 작아서
못 입었던 드레스를 입고서 말이야."

**단계별 접근**
"좋아. 이제 3kg 빠졌어. 절반 이상 온
거야. 끝까지 잘 해내자고."

**벌떡 자리에서 일어나기**
"1년 후에 생각해보면 뭐가 더
중요할까? 한 시간 더 잠 잔 건
기억도 안 나겠지. 샤워하고 잠을
깨자."

**원하는 결과를 이끌어내기**
"오늘 아침에 일찍 일어나니 기분이
좋군. 결심한 대로 계속 이렇게 하자."

**지금 행동하기**
"지휘자에게 찾아가 혹시 소프라노에
빈자리가 있는지 물어봐야지. 다시
합창할 기회가 있다니 얼마나 좋아!"

**두뇌를 유혹하기**
"잡일을 먼저 처리하고 새로 생긴
빵집에 가보는 거야."

**가속도의 법칙**
"필요한 서류작업을 마치고 9시부터
세금 신고를 시작해야지."

**기분이 내키지 않아도 시작하기**
"점심때까지 작업을 하고 공원에
가서 강아지랑 놀아야겠다."

**무조건 시작하기**
"마음이 내키지 않는 건 별로
중요하지 않아. 당장 자리에 앉아
세금 신고를 끝낼
거야."

# 16 — 일을 미루고 싶을 때 해야 할
## 세 가지 질문

**미루는 사람들의 모토:**
**우리는 늘 당신을 안심시켜 드립니다.**

주유소를 지나가면서 '기름을 넣어야 하는데'라고 생각하면서도 귀찮으니 그냥 다음에 넣자고 지나쳐버린 적이 있는가? 냉장고 뒤쪽에 유효기간이 지난 요구르트가 처박혀 있는 꼴을 보면서 '어서 꺼내서 버려야지' 하고 생각은 했지만 그냥 냉장고 문을 닫아버린 적은?

당신은 지금 해야 하는 일을 별다른 이유도 없이 자동적으로 미뤄버리고 있는가? 여기서 핵심은 '자동적으로'이다. 해야 하지만 하고 싶지 않은 일과 마주치면, 미루는 행동의 결과를 생각하지 않고 "다음에 하지, 뭐"라고 넘겨버리는 것이다.

뉴스 진행자 테드 카플Ted Koppel은 자기가 습관적으로 일을 미루는 사람이라고 고백하면서 이렇게 말했다. "어렸을 때는 부모님과 선생님들이 마지막 순간까지 미루는 저 때문에 무척 괴로워하셨지요. 그런데 요즘 사람들은 다들 미루는 걸 좋아합니다. 압박이 필요하거든요."

실제로 더 이상 미룰 수 없을 지경까지 일을 미루고 나야 일을 시작할 수 있다는 사람들이 적지 않다. 문제는 그 긴박한 상황이 집중 수행과 공존할 수 있는가 혹은 그것에 기여할 수 있는가 하는 것이다.


## 인생은 그 자체가 오래오래 미뤄진 것이다.

헨리 밀러Henry Miller, 작가


당신이 미루고 있는 일은 무엇인가? 이제부터는 무언가 미루려 할 때 다음 세 가지 질문에 먼저 답을 해보자.

1  이 일을 해야 하는가?
2  이 일이 끝나기를 바라는가?
3  기다리면 이 일이 더 쉬워지는가?


할 필요가 있고 또 끝나기를 바라는 일이라면, 그리고 미뤄봤자 더 쉬워지지 않는 일이라면 지금 당장 해치워야 한다. 이 세 질문은 하기 싫은 일과 마주쳤을 때 자동적으로 미뤄버리지 않도록 도와줄 것이다. 미뤄놓고 하지 않을 경우 장차 어떤 결과가 빚어질지 생각하게 만들기 때문이다.

이를테면 주유를 다음으로 미루는 대신 "주유가 필요한가? 지금 연료를 채워 고속도로에서 낭패를 당하지 않기를 원하는가? 나중에 주유를 하면 더 쉬울까?"라는 세 가지 질문을 던지면 어떨까? 이 질문에 답을 하다 보면 주유소가 눈앞에 있을 때 주유하는 편이 낫다는 점을 깨닫게 될 것이다. 평계를 찾는 대신 행동에 동기를 부여하는 것이다.

효과를 좀 더 높이는 기법도 있다. 세 가지 질문을 던져본 이후 그 일을 해치우는 데 시간이 얼마나 조금 걸리는지 소리 내 말하는 것이다. "주유하는 데 5분이면 충분해", "요구르트를 냉장고에서 꺼내서 버리는 건 5초도 안 걸려" 이렇게 말하고 나면 별것 아닌 일을 당장 해치워버리겠다는 마음이 들 것이다.

마거릿 대처는 "잠자리에 들면서 만족스러운 날은 하는 일 없이 돌아다닌 날이 아니라 할 일이 잔뜩 있지만 다 해치운 날이다"라고 하였다.

다섯 아이를 키워낸 어느 어머니는 일을 미루고 싶을 때마다 대처의 이 말을 떠올렸다고 한다. 그녀는 설거지할 그릇이 잔뜩 쌓인 싱크대 앞에서 자동적으로 돌아서버리는 대신 세 가지 질문을 던지고 다음과 같은 답을 이끌어내곤 했다. "밤중에 요정이 찾아와 설거지를 해결해줄 리 없고, 음식물이 말라붙고 나면 다음날 아침 설거지는 두 배로 힘들어질 게 뻔해. 당장 10분 정도 들여 설거지를 해치우고 다음날 아침 깨끗한 부엌에 들어서는 게 백번 낫지. 안 그래?"

# 17 ── 회의주의를 다루는 법: '과거와 달리 지금은'

**부모님은 내가 뭐든 너무 미루기만 해서
결국 아무것도 하지 못할 거라고 하셨다.
그러면 나는 "조금만 기다려보시라니까요"라고 대답했다.**

주디 테누타Judy Tenuta, 코미디언

어린 시절부터 이 코미디언처럼 부정적인 꼬리표를 달게 되는 것은 결코 사소한 일이 아니다. 당신도 혹시 꼬리표에 시달리고 있는가? 부모님이나 선생님으로부터 당신은 변변치 못하고 제대로 해내는 일이 없다는 말을 들어온 탓에 집중 수행도 해낼 수 없으리라 미리 단정 짓고 있는가?

그렇다면 어서 그 꼬리표를 점검해야 한다. 옳은 꼬리표인가? 아니, 옳았던 때가 한 번이라도 있는가? 부정적인 믿음이 당신의 잠재력을 가로막는다면 지금 당장 자기 이미지를 바꿔야 한다.

세상의 모든 어머니가 피카소의 어머니 같다면 참으로 좋을 것이다. 피카소Pablo Picasso는 어머니에 대해 회상하면서 이렇게 말한 적이 있다. "제 어머니는 제가 군인이 되면 장군감이고 성직자가 되면 교황감이라고 하셨지요. 저는 그림을 그려 피카소가 되었습니다." 어머니의 확신이 아들에게도 전염된 것이다.

그런데 안타까운 것은 확신뿐 아니라 불신도 전염된다는 사실이다. 결국 문제는 어떻게 우리 능력에 대한 부정적 인식을 긍정적인 방향으로 전환시킬 것인가로 귀결된다.

지금부터는 부정적인 꼬리표를 받아들여 스스로 집중 수행 능력을 손상시키는 대신 '과거와 달리 지금은'이라는 표현을 사용해보자. "스스로에 대해 뭐든 미루는 사람이라고 생각했던 과거와 달리 지금은 해야 할 일 앞에서 세 가지 질문을 던지며 동기를 부여합니다", "상황이 어려워지면 포기했던 과거와 달리 지금은 상황이 어떻든 밀고 나갑니다"라고 말하는 것이다.

**회의주의는 지적 문제가 아니라 도덕적 문제다.**
**이것은 영혼을 파괴하는 만성 질환이다.**

토머스 칼라일Thomas Carlyle, 역사가

남들의 부정적인 평가를 받아들여 자기의 잠재력을 스스로 제한해버린 경험이 있는가? 우리 자신을 의심하는 일은 일종의 자기태만Self Sabotage이고, 그중에서도 최악이다. 회의주의는 새로운 시도를 가로막아 마음도 위축시킨다. 지금까지 걸핏하면 일을 미뤄왔다면 자신에 대한 믿음을 좀 더 가져야 한다. 이제 "난 나 자신을 믿어. 그리고 필요할 때 집중 수행을 할 수 있어"라고 말해보자.

프랜시스 베이컨Francis Bacon은 "무슨 일에든 인내가 필요하지만 특히 자신에게 인내를 발휘해야 한다"고 강조했다. 그는 또한 "자신의 결함 앞에서 용기를 잃지 말고 해결책을 찾아라. 매일 그 과업을 새로 시작해야 한다"라고 하였다. 우리도 이제 과업을 새로 시작할 때마다 스스로 어깨를 두드려주겠다고 결심해보자. 자신과의 싸움을 이겨내고 힘든 과업을 끈기 있게 해나가는 모습을 마음껏 칭찬하자. 나중에 읽겠다고 미루는 대신 바로 책을 손에 드는 자기의 행동을 충분히 인정해주자.

"낙관론자는 자기의 꿈이 실현되리라 기대하는 반면 비관론자는 자기의 악몽이 현실이 되리라 예상한다." 경영학자 로렌스 피터의 말이다. 당신은 자기 잠재력에 대한 낙관론자인가, 비관론자인가? 기억하라. 우리는 기대하는 대로 얻게 된다. 이제부터는 일을 또 미루게 될 것이라 예상하는 대신 집중 수행에 성공할 것이라 기대하라.


## 내일을 위해 투수를 아껴두지 마라. 내일은 비가 올지 모르니.

레오 듀로셔Leo Durocher, 야구 코치


당신도 힘든 날을 대비해 무언가 아껴두고 있는가? 우리는 종종 게으르거나 불안해서가 아니라 이렇게 제법 합리적인 이유를 대면서 의도적으로 일을 미룰 때가 있다.

그러나 문제는 기회가 있을 때 행동하지 않으면 다 잃어버릴 위험이 있다는 점이다. 위에서 듀로셔 감독이 지적한 것처럼 말이다. 내일이 자동적으로 찾아오리라는 가정은 사실 인간에게는 주제넘는 것일 수도 있다. 당신도 지금 더 나은 상황이 만들어지기를 기다리며 일을 미루고 있는가? 나중에 은퇴하고 나면 손자들과 더 많은 시간을 보낼 계획인가? 돈을 좀 벌면 경비행기를 조종한다는 평생의 꿈을 실현할 작정이라고?

워크숍에서 나는 자주 참석자들에게 좋아하는 인용구를 묻곤 한다. 그러면 지갑 안에 꼬깃꼬깃 접어 넣어둔 오래된 종잇조각을 꺼내는 이들이 많다. 친척이나 친구에게서 들은 이야기를 꺼내는 사람도 있다. 리더스 다이제스트의 문구도 자주 등장한다. 어디서 처음 접했는지는 기억나지 않지만 몇 년 동안이나 마음속에 고이 간직해왔다는 명언도 있다. 내게도 그런 문장이 있다. '사람은 누구나 죽는다. 그러나 누구나 제대로 사는 것은 아니다'가 그것이다.

내일 죽는다면 어떨까? 당신에게 찾아왔던 많은 기회를 충분히 활용했다고 만족스러워하며 삶을 마감하게 될까, 아니면 황금같은 기회를 번번이 놓치고 인생이 주는 선물을 제대로 누리지 못했다며 후회할까? 작가 앤 머로우 린드버그Anne Morrow Lindbergh는 "위기가 닥치지 않는 한 우리는 '지금, 여기'에 감사할 줄 모른다"라고 하였다. 그러나 위기가 닥칠 때까지 기다리지 말고 '지금, 여기'에 대해 감사하는 것이 아무래도 낫지 않겠는가. 쉬운 일은 아니지만 말이다.

몇 년 전 나는 크루즈 세계일주를 하는 여행객들 앞에서 강연할 기회가 있었다. 강연을 위해 나도 일주일 동안 배에 탑승했다. 일주일 동안 나는 여러 사람을 만나면서 새로운 이야기를 많이 들었다. 하지만 여행객 대부분이 60, 70대의 할머니들로 이미 남편과 사별한 상태라는 점이 가슴 아팠다. 은퇴할 때까지 여행 계획을 미뤘지만 막상 시간과 돈이 허락하자 배우자가 떠나버린 후였던 것이다. 모두들 조금 더 일찍 여행을 떠났어야 했다고 아쉬워했다.

　당신이 지금 미루고 있는 일은 크루즈 세계일주보다는 사소한 것일지 모른다. 하지만 나중에 후회할 여지는 충분하지 않은가? 당신에게 주어진 T.I.M.E.에 감사하고 최대한 가치 있게 사용하라. 미루고 또 미루며 삶의 물결에 허망하게 떠밀려가지 말라. 오늘 당장 행동하여 당신의 삶을 한층 더 의미 있게 만들어야 한다.

# 미루는 습관을 버리는 연습

마음속에 있는 것을 실현하는 능력, 그것이 바로 천재성이다. _스콧 피츠제럴드Scott Fitzgerald, 소설가

이제부터는 무언가를 자동적으로 미뤄버리는 대신 "이 일을 해야 하는가?", "이 일이 끝나기를 바라는가?", "기다리면 이 일이 더 쉬워지는가?"라는 세 가지 질문을 던져보라. 그리고 "지금 한 시간만 들여 일을 처리하고 나면 며칠 동안 계속 떠올리면서 걱정할 필요가 없는 거야"와 같은 표현으로 일의 부담감을 최소화하라.

마지막으로 지금 당장 누리지 않음으로써 기회를 잃어버릴 위험은 없는지 점검하라. '나중에 하자'보다는 '지금 하자'라는 태도로 집중 수행을 시작하자. 시작하지 않았다고 후회할 일은 없을지라도, 기회가 있을 때 시작하지 않았던 것은 후회스러울 것이다.

## 혼란 상태

**나중에 하자고 생각하기**
"겨울을 대비해야 하는데 귀찮아. 다음 주말에 해야겠다."

**달갑지 않은 일은 자동적으로 미루기**
"다락방에 단열처리를 해야 해. 하지만 지금은 철물점에 가고 싶지 않아. 내일 가야지."

**미루고 또 미루기**
"일단 버텨보자. 어쩌면 올해는 큰 추위 없이 지나갈지도 몰라."

**자신에 대해 회의적인 태도를 취하기**
"난 너무 게을러. 도무지 책임 있게 행동하지 못하잖아!"

**꾀를 부리기**
"배수로 청소는 끝났어. 좀 쉬고 나머지는 나중에 해야지."

## 집중 수행 상태

**지금 하자고 생각하기**
"언제 날씨가 나빠질지 모르니 미리미리 집을 손봐야겠어."

**달갑지 않은 일을 기꺼이 하기**
"내일이 된다고 해서 철물점 가는 일이 쉬워지는 않아. 지금 바로 가서 단열재를 사오자."

**질문 던져보기**
"단열재가 꼭 필요한 건가? 그럼! 어서 해두지 않으면 머지 않아 큰 곤란을 겪게 될 거야."

**자신의 잠재력을 인정하기**
"제대로 손을 봐서 식구들이 걱정 없이 올 겨울을 나도록 하겠어."

**꾸준히 계속하기**
"배수로 청소는 끝났군. 집 바깥쪽을 손보기 시작한 김에 다른 것도 처리해야지."

# conZentrate

너무 많은 일을 한꺼번에 처리하려 들면 비효율이 발생할 수밖에 없다. 플라톤도 "한 사람은 한 가지를 잘하게 되어 있다. 몇 가지를 하려 하면 그 어디서도 두각을 나타내지 못한다"라고 했다. 그렇다면 늘 위기상황의 연속인 직장에서 어떻게 분류작업을 하여 주어진 T.I.M.E.(생각, 관심, 순간, 감정)를 최대한 활용할 것인가?

## TRACK 4

# 일이 술술 잘 풀리는
# 사람의 몰입 기술

제가 제 일에 완전히 몰두해 있다는 걸 아셔야 합니다.

_클로드 모네(Claude Monet, 화가

# 18 —— 인체공학적 접근이 필요하다

**우리 신체에 잠이 필요하듯 영혼에는 침묵이 필요하다.**
**침묵 속에서 영혼은 휴식하고 힘을 얻는다.**

윌리엄 펜William Penn, 서부 개척자

직장 사무실이 너무 번잡하고 혼란스러워 일에 몰두하기 어려운가?
집중 수행을 위해 조용하고 평화로운 장소가 필요하다고 느끼는가?

그렇다면 집중 수행에 도움이 되도록 업무 환경을 바꿔보자. 이를 위해서는 좀 더 효율적으로 환경을 재조직하는 인체공학적 접근이 필요하다. 의자 위치, 컴퓨터 높이, 조명 등 온갖 요소가 여기에 해당된다.

사무실이 너무 시끄럽다면 집중 수행은 당연히 어려워진다. 우리 마음은 소리에 주의를 기울이도록 프로그램 되어 있기 때문이다. 소리를 감지하면 우리 두뇌는 즉각 그것이 위협인지 아닌지 살핀다. 그리하여 위험하지 않다고 판단하면 그것을 무시하고 다시 집중 수행 상태로 돌아가게 된다.

다행스럽게도 우리 두뇌는 항상 들려오는 소리에 일단 적응하면 더이상 적색경보를 발령하지 않는다. 그래서 공항이나 고속도로 근처에 사는 사람은 "너무 시끄럽지 않아?"라는 질문에 "무슨 소리가 들린다고 그래?"라고 거꾸로 되묻기도 한다.

그러므로 집중 수행을 방해하는 소리는 일상화되지 않은 소리이다. 당신 직장에서는 어떤 소리가 문제되는가? 그 소리를 없앨 방법은 없는가?

어느 비서의 말을 들어보자. "이 워크숍에 참석한 덕분에 저는 용기를 내서 복사기를 복도로 옮기자는 제안을 했답니다. 제 책상 바로 옆에서 하루 종일 복사기가 돌아가는 바람에 미칠 지경이었거든요. 소리가 큰 것만이 문제가 아니었어요. 복사하러 온 사람들이 떠들고 웃어대는 통에 도무지 집중이 불가능했답니다. 게다가 종이가 걸리거나 복사기가 고장이라도 나면 다들 저한테 도와달라고 했지요. 운 나쁜 날은 10분에 한 번씩 불려갈 정도였어요. 그런데 이제 복사기를 치우고 나니 정말 살 것 같아요."

당신을 괴롭히는 소음을 없애기 위해 무엇이 필요한가? 복사기 같은 기기를 복도로 옮기면 어떨까? 전화기와 팩스를 무음으로 설정한다면? 생각을 끊곤 하는 이메일 수신 신호음을 없애버린다면? 이렇게 하여 조용하고 평화로운 공간을 확보하면 생각의 흐름이 한결 원활해질 것이다.

일어설 때 의자가 엉덩이에 딸려오는 것,
이것이 여름이라는 신호다.

월터 윈첼Walter Winchell, 언론인


의자에서 일어날 때 당신에게는 어떤 일이 일어나는가? 목이 뻣뻣한가? 손목이 시큰거리는가? 꼬리뼈가 쑤시는가?

잘못된 자세로 얻은 병은 치료가 어렵다. 예방이 최선이다. 똑바로 서거나 앉지 않는다면 어딘가 고장이 나는 것은 시간문제이다. 중요한 것은 어딘가 아프고 통증이 있는 상태에서는 주의를 집중할 수 없다는 것이다. 그러므로 책상에서 서류 작업을 하든 컴퓨터 입력을 하든 바른 자세를 유지해야 한다. 다음 사항들을 참고하자.


1   두 발바닥을 바닥에 붙여라. 가끔 다리나 발목을 겹치는 것은 괜찮다. 하지만 몇 시간씩 그렇게 하다가는 관절에 무리를 주게 된다.

2   무릎은 살짝 위로 올려라. 이렇게 하면 체중이 무릎 대신 하체에 실린다.

3   등 뒤에 쿠션을 대라. 척추를 받쳐주어 똑바로 앉을 수 있다.

4   팔꿈치는 직각으로, 팔목은 곧게 하라. 손이 팔꿈치보다 위 혹은 아래에 놓일 경우 손목과 손가락에 긴장이 가해진다.

5   컴퓨터 모니터는 눈높이에 맞춰라. 그보다 낮아지면 목과 등에 통증이 생긴다.

6   서 있을 때에는 쿠션이 있는 신발을 신고 가끔씩 의지해 체중을 분산시킬 수 있는 의자를 가까이 두어라.


올바른 자세와 관련해서 기본적으로 기억해야 할 원칙은 통증을 느끼면 곧바로 변화를 시도하라는 것이다. 신체의 어느 부분이 아프다면 이는 특정 근육이나 관절에 무리가 가고 있으며, 휴식이 필요하다는 뜻이다. 이럴 때는 책상에서 일어나 스트레칭을 하고 목 돌리기 운동을 하라. 또한 시큰거리는 부분을 마사지하고 의자의 위치나 높낮이를 조정해야 한다.

손목터널증후군을 비롯해 반복동작으로 인한 질환이 업무상 질병의 48%를 차지한다고 한다. 그러므로 공장 조립 라인의 노동자, 슈퍼마켓 계산원, 컴퓨터 자료 입력 사무원 등 반복 동작을 빠른 속도로 해내야 하는 사람들은 다른 장비의 사용, 업무 다양화, 지속적인 자세 및 위치 변경 등 예방 조치가 필요하다.

나도 그 중요성을 체험했다. 이 원고를 쓰면서 왼쪽 팔이 시큰거렸던 것이다. 처음에는 이유도 모른 채 몇 분마다 하던 작업을 멈추고 팔을 주무르느라 집중하는 데 큰 방해를 받았다. 나중에 팔의 움직임을 잘 살펴보고 나서야 원인을 찾을 수 있었다. 책상 아래 놓인 파일 캐비닛 때문에 자판이 비뚤어져 글자를 입력할 때 팔의 각도가 비뚤어졌던 것이다. 나는 곧 원인을 제거했다. 만약에 그냥 방치해두었다면 어떻게 되었을까? 팔은 팔대로 아프고 집중 수행도 실패하는 최악의 상황이 이어졌으리라.

# 19 —— 먼저 시야를 정돈하라

**청결과 질서는 본능의 영역이 아니라 교육의 영역이다.**
**따라서 그 능력은 주어지는 것이 아니므로**
**부지런히 배양해야 한다.**

벤자민 디즈레일리Benjamin Disraeli, 정치가


인체공학적 접근의 목표는 작업 환경이 가능한 한 끊어지지 않고 이어지도록 설계하는 것이다. 당신의 사무실을 떠올려보라. 자주 사용하는 물건을 재빨리, 그리고 편하게 꺼낼 수 있는가? 그렇지 못하다면 번번이 집중 수행 상태를 깨뜨리고 의자에서 일어나거나 몸을 움직여야 할 것이다.

자주 사용하는 물건은 가까이 놓여 있도록 업무 공간을 재배치할 방법을 고안해보자. 가령 팩스를 자주 쓴다면 책상 옆으로 옮겨 팩스를 송수신할 때 일어날 필요가 없도록 만드는 것이 좋다. 하루 종일 서류 파일을 넣고 빼는 일이 잦다면 파일 캐비닛이 앉은 자리에서 손 닿는 곳에 있어야 한다. 기본 원칙은 '하루에 세 번 이상 쓰는 물건이라면 팔을 뻗어 닿는 곳에 두라'는 것이다.

어느 대학생의 말을 들어보자. "연필을 깎으러, 혹은 사전을 찾으러

의자에서 일어나는 단순한 동작이 집중 수행을 크게 방해한다는 걸 예전에는 미처 몰랐어요. 그렇게 움직이다가 정작 할 일을 미뤄버리는 경우도 많았지요. 이제는 숙제 목록을 만들어두고 자리에 앉기 전에 필요한 것들을 다 책상에 가져다두고는 공부를 시작한답니다."

목수들은 두 번 재고 한 번에 자른다고 한다. 당신도 필요한 물건을 모두 미리 챙겨보는 것이 어떨까? 그러면 더욱 효과적으로 집중한 상태에서 일을 처리하게 될 것이다.


## 비극은 우리를 죽이지 않는다.
## 엉망진창으로 어질러진 상태가 우리를 죽인다.

도로시 파커Dorothy Parker, 작가


파커의 말이 좀 과장하는 듯하다고? 하지만 엉망진창으로 어질러진 상태가 집중 수행을 망가뜨린다는 것은 분명한 사실이다. 난장판 속에서는 누구라도 머리가 맑아질 수 없으니 말이다.

당신의 책상 위는 어떠한가? 작업 공간인지 창고인지 헷갈리지는 않는가? 집중 수행을 하려면 먼저 불필요한 방해 요소를 치워버려야 한다. 하루에 한 번 이상 쓰지 않는 물건은 책상 위에 놓지 않는다는 원칙을 세워라. 책상 가장자리부터 시작해 모든 물건을 점검하라. 저쪽 서류더미는 당장 처리할 필요가 없는 것 아닌가? 책상에서 내려놓아라. 청구서는 월말에 처리할 예정이라고? 그럼 다른 곳에 정리해 넣자.

책상 정리가 왜 중요한 걸까? 눈에서 멀어지면 마음에서 멀어진다는 말이 있다. 이 말을 뒤집으면 눈에 보이는 것은 마음에 남는다는 뜻이 된다. 그러면 점점 스트레스가 쌓인다. 정체 모를 종이더미가 쌓인 책상에 앉아 일을 하려고 하면 그것을 내려다볼 때마다 머리가 아프다. 기한을 넘긴 서류더미가 눈앞에 보이면 '대체 언제 시간을 내 저걸 처리하지?'라는 생각에 머리가 지끈거린다. 이런 책상은 하루에 열 번 이상 주의를 분산시키고 정신적 에너지를 고갈시키며, 결국 '난 도대체 제대로 해내는 것이 없어'라는 좌절감을 불러일으키게 마련이다.

깨끗한 공공화장실에 들어간 사람은 가능한 한 그 깨끗한 상태를 망가뜨리지 않으려 조심하게 되어 있다. 반면 세면대에 휴지 조각이 하나 떨어져 있다면 곧 그 옆에 수북이 다른 휴지 조각이 쌓일 수 있다. 사무실 책상도 마찬가지이다. 퇴근하면서 깨끗이 정돈해 두었다면 다음날 출근해서도 그 상태를 유지하려 할 것이다. 반대로 쓰레기통 같은 책상이라면 점점 더 커다란 쓰레기통으로 변해갈 것이고…….

쓸모없는 물건을 치워버리고 나면 지금 하는 일에 우선순위를 부여하고 시선과 생각을 집중하기가 더 쉬워진다. 정돈된 시야가 정돈된 생각으로 연결된다는 점을 기억하라. 이제 일을 시작할 때에는 그 일감을 책상 가운데 놓고 다른 서류들은 보이지 않게 치워버리자.

## 텅 빈 책상은 무엇을 뜻할까?

지저분한 책상이 지저분한 마음 상태를 보여준다면 텅 빈 책상은 무엇을 뜻할까? _머그잔에 쓰인 글귀

텅 빈 책상은 집중 수행하는 마음 상태를 나타낸다. 이는 정신적 질서를 위해 시각적 질서를 세우는 현명한 사람의 책상이다.

당신은 집중을 위한 인체공학적 기본 조건을 갖춘 상태인가? 소음 때문에 방해받고 있지는 않은가? 등을 곧게 펴고 작업하고 있는가? 자주 쓰는 물건은 무의식적으로 집을 수 있을 정도로 가까이 있는가? 자주 사용하지 않는 물건은 '눈에서 멀리해 마음에서 멀어지도록' 치워두었는가? 인체공학적으로 효율적인 공간을 만들어라. 그래야 몰입할 수 있다.

### 😕 혼란 상태

**소음**
"문서 파쇄기 소리가 너무 시끄러워 아무 일도 할 수 없어."

**나쁜 자세**
"등이 너무 아파 도저히 집중이 안 되는군."

**필요한 물건이 가까이에 없음**
"연필 깎으려고 자리에서 일어나는 게 오늘 아침만 해도 벌써 세 번째야."

**어질러진 책상**
"오늘 회의 자료가 어디 있지? 이 뒤죽박죽 엉망인 책상에서 어떻게 찾는담?"

### 😊 집중 수행 상태

**정숙**
"문서 파쇄기를 복도로 내놓을 방법은 없는지 알아봐야지."

**바른 자세**
"일어나서 몇 분 동안 스트레칭을 해야겠어."

**필요한 물건이 가까이에 있음**
"연필깎이를 책상에 옮겨두자."

**정돈된 책상**
"여기 회의 자료가 있군. 책상 가운데 놓고 미리 한번 읽어봐야지."

# 20 —— 나의 20%는 무엇인가

**누구든 일상적으로 위기 상황에 놓인다.**
**이 일상이 우리를 지치게 한다.**

안톤 체홉Anton Chekhov, 소설가

당신도 매일이 위기 상황이라 느끼는가? 걸핏하면 긴급 상황이 발생해 우선순위가 뒤바뀌고 출근한 지 5분 만에 그날의 계획이 무용지물이 되어버리곤 하는가? 모든 것이 긴급하다고 할 때 무엇부터 시작해야 할지 당황스러운가?

응급실을 배경으로 한 텔레비전 드라마 〈ER〉을 본 적이 있는가? 온갖 사고나 자연 재해로 부상을 입은 사람들이 줄줄이 실려 들어오는 곳이 종합병원 응급실이다. 모든 환자를 동시에 진료할 수 없으므로 응급 전문의들은 몇 초 안에 신속히 분류작업을 한다. 살 수 있는 환자와 살 수 없는 환자, 최우선적으로 긴급 처치가 필요한 환자를 가려 진료 순서를 정하는 것이다. 목표는 생존자 수의 최대화이다.

많은 사람들이 일하면서 이와 비슷한 상황을 겪는다. 요청사항은 많이 들어오지만 모든 것을 한꺼번에 처리할 수는 없다. 응급 전문의처럼 우리도 누구를, 무엇을 먼저 처리할지 결정해야 한다.

대부분의 사람들이 삶과 죽음을 결정하는 입장이 아니라는 점은 그나마 다행이다. 하지만 어떤 고객은 마치 그렇기라도 한 것처럼 무조건적으로 요구를 한다. 하던 일을 당장 중단하고 자기 것을 먼저 해달라고 말이다. 이 때문에 나름의 분류작업 기준을 마련해두는 것이 중요하다. 목표는 누구 혹은 무엇에 가장 많은 신경을 쓸 것인지, 어떤 순서로 처리할 것인지 제대로 판단하는 데 있다. 바꿔 말하면 덜 중요한 일이 그만큼 뒤로 미뤄지게 하는 것이다.

너무 많은 일을 한꺼번에 처리하려 들면 효율이 떨어질 수밖에 없다. 플라톤도 "한 사람은 한 가지를 잘하게 되어 있다. 몇 가지를 하려 하면 그 어디서도 두각을 나타내지 못한다"라고 했다. 그렇다면 늘 위기상황의 연속인 직장에서 어떻게 분류작업을 하여 주어진 T.I.M.E.(생각, 관심, 순간, 감정)를 최대한 활용할 것인가?


**네 능력이 흩어지지 않도록 주의하라.**
**능력이 효과적으로 발휘되도록 늘 애써야 한다.**

괴테Johann Wolfgang von Goethe, 작가


먼저 집중 수행할 일을 골라내는 작업의 핵심은 경쟁하는 일들끼리 비교하는 대신 자신의 근본 목표를 기준으로 삼아야 한다는 것이다. 여러 업무를 비교하며 "이걸 먼저 해야 하나, 아니면 저걸 먼저 해야 하나?"라고 중얼거리면 혼란만 더 커진다. 다음 세 단계의 분류를 따라가 보라.

### 1단계 기본 목표를 분명히 하기

당신이 하는 일의 궁극적 목표는 무엇인가? 당신만이 할 수 있는 일은 무엇인가? 그 목표를 한 문장으로 압축해 책상 앞에 붙여두라. 어느 일을 우선순위에 두어야 할지 결정할 때 도움이 될 것이다. 예를 들어 당신이 회사의 교육 담당이라면 기본 목표는 직원들이 최고의 능력과 태도를 갖추도록 지원하는 데 있다.

### 2단계 경쟁하는 업무들을 목록화하기

종이 위에 쓰다 보면 머릿속에서 한데 뭉쳐 있던 것을 눈으로 직접 보면서 차근차근 생각할 수 있다. 가령 오늘 해야 할 일이 회사 종무식 행사 준비, 의사소통에 대한 직원 워크숍 진행, 입사 희망자 면접, 사내 소식지 인쇄 및 배포라고 쓰는 것이다.

### 3단계 각 업무를 기본 목표와 비교하기

당신의 기본 목표와 가장 크게 관련되는 일은 그중에서 무엇인가? 직원들이 고객들과 더 나은 의사소통을 할 수 있도록 도울 워크숍 진행이다. 다른 업무도 모두 중요하긴 하지만 기본 목표에 비춰 보았을 때 상대적인 중요도가 떨어진다.

**그는 방에서 휙 나가더니 자기 말에 휙 올라탔고**
**온 사방으로 미친듯이 달리기 시작했다.**

스티븐 리콕Stephen Leacock, 작가

온 사방으로 미친듯이 달리지 않고 제대로 집중 수행하기 위해서는 80/20 법칙, 혹은 파레토 법칙Pareto's Law을 떠올려도 좋다. 파레토는 경제학자로 인구의 20%가 부의 80%를 소유하고 있다는 것을 발견한 인물이다. 나아가 이는 '인구의 20%가 가치의 80%를 생산한다'라는 법칙으로 발전하였다.

이를테면 출판사들은 자사가 보유한 저자 20%에게서 수입의 80%를 얻는다. 상점에서는 매출의 80%가 상품 20%에서 나온다. 상점 주인들은 여기에 착안해 핵심 제품을 전략적으로 진열하고, 손님들은 이에 따라 충동구매를 하곤 한다. 유나이티드 에어라인의 단골고객 마일리지 제도도 여기서 출발했다. 출장이 많은 승객들을 공략하자 매출이 급증했던 것이다. 최우선 순위 고객을 선별해 보상을 주는 전략은 가히 놀랄 만한 성과를 거두었다.

이제부터는 당신도 정신없이 일이 밀어닥칠 때 잠시 멈추고 "나의 20%는 무엇일까? 그 핵심 20%에 집중 수행하려면 어떻게 해야 할까?"라는 질문을 던져보라. 가장 중요한 일을 가장 중요하게 처리해야 한다. 그것이 당신의 T.I.M.E.를 가장 잘 쓰는 길이다.

# 업무의 우선순위 정하기

다음 주에는 위기 상황이 터질 수 없다. 내 일정표는 이미 꽉 차 있으니까. _헨리 키신저Henry Kissinger, 정치인

우리의 일정표도 늘 꽉 차 있다. 그렇지만 위기 상황은 늘 닥친다. 이제부터는 머리가 핑핑 돌 정도로 바쁠 때 "어떤 것을 처리하고 어떤 것을 포기해야 하지?"라는 질문을 던져보라. 그리고 해야 할 일들을 당신의 기본 목표와 비교하여 선별하라. 헨리 데이비드 소로는 "바쁘기로는 개미를 따라갈 수 없다. 문제는 무엇 때문에 바쁜가 하는 것이다"라고 했다. 집중 수행의 가치가 충분한 것이 무엇인지 골라내라. 나름의 분류 체계를 만들어 아무리 바쁠 때에도 신속하게 최우선 순위를 찾아내도록 하라.

## 혼란 상태

**사방팔방으로 미친듯이 달리기**
"얼른 이메일 답장을 써야 해. 아, 셜리에게 전화를 걸었어야 했는데. 참, 회의가 있었나?"

**기본 목표를 무시하기**
"저 손님은 다른 누군가가 맡아주겠지. 지금 나는 책상 정리 중이잖아."

**할 일들을 서로 비교하기**
"청구서 작성과 매출자료 입력 중에 무엇을 먼저 해야 하지? 주문 팩스부터 넣어야 하나? 아, 모르겠어."

**모든 일에 매달리기**
"너무 피곤해 앞이 잘 안 보일 지경이야. 그래도 퇴근하기 전에 다 끝내야 해!"

**할 일이 나타나자마자 처리하기**
"좋아요. 프로그램 사용법을 알려드리죠"라고 말하며 '회의에 늦겠는걸'이라고 생각하기

## 집중 수행 상태

**분류작업하기**
"할 일 중에 무엇이 제일 중요하지? 가장 먼저 해결해야 할 일은?"

**기본 목표를 분명히 하기**
"기본 목표는 모든 손님이 다시 찾아오도록 만드는 거야."

**할 일들을 목표와 비교하기**
"이 일들 중에서 고객 서비스와 가장 직접적으로 관련되는 것은 무엇일까?"

**우선순위 중심으로 처리하기**
"주문 처리부터 해야겠다. 그래야 고객들이 제시간에 제품을 받아볼 수 있을 거야."

**우선순위에 따라 처리하기**
"10분 후에 회의가 있어요. 회의 끝나고 와서 도와드릴게요."

# 21 ── 조직화를 위한 여섯 가지 시스템

**질서 없이 사는 것의 장점은 계속해서**
**놀라운 발견을 하게 된다는 데 있다.**

앨런 밀른A. A. Milne, 작가

오랫동안 찾지 못했던 물건을 발견하고 "유레카!"라고 외치는 경우
가 많은가? 평균적인 미국인들은 평생을 살면서 잃어버린 물건을 찾는
데 쓰는 시간이 1년이나 된다고 한다. 계속해서 이런 놀라운 발견을 하
게 되는 상황의 단점은 때로는 며칠 전, 아니 몇 주 전에 끝냈어야 할 일
이 불쑥 튀어나온다는 데 있다.

조직적으로 살기 위한 방법을 한마디로 요약하면 시스템 만들기라
할 수 있다. 윌리엄 블레이크William Blake는 이렇게 말했다. "시스템을 만
들지 않으면 평생 다른 사람 밑에서 노예로 살게 된다." 시스템은 반복
적인 작업을 규칙화하여 큰 수고 없이도 그 작업을 할 수 있게 만들어
준다. 다음에 정리한 여섯 가지 시스템을 통해 당신의 일을 조직화하는
것이 어떤가? 집중 수행을 효과적으로 할 수 있도록 만들어줄 것이다.

### 조직화를 위한 시스템 1 **해야 할 일의 목록을 한 권의 노트로 관리하기**

이런저런 자투리 종이에 메모했다가 잃어버리는 대신 한 권의 노트에 할 일 목록을 기록하고 관리한다면 혼란스러운 상황에서도 침착할 수 있으리라.

사실 부지런히 메모하는 사람은 적지 않다. 하지만 편지봉투 뒷면이나 냅킨, 그 순간 눈에 띄는 종이쪽지에 적는다는 게 문제이다. 이렇게 하면 그 메모를 두 번 다시 찾지 못한다. 할 일 목록을 한 권의 노트 같은 곳에 단일화하여 기록하라. 이렇게 하면 같은 시간에 이중으로 약속을 한다든지 절대 잊지 말아야 할 약속을 까맣게 잊어버리는 사태를 피하게 될 것이다.

할 일 목록을 기록하는 노트에는 생각나는 대로 할 일을 다 적어라. 어머니 생일카드 보내기, 음악회 입장권 예매하기, 직원회의 가는 길에 인사과 들르기 등등은 적어두지 않으면 잊어버리기 쉽다. 그러지 않으려면 일일이 기억해야 하는데, 잊어버리는 것도 문제지만 다 기억해야 하는 것은 더 심각한 문제다. 우리 두뇌는 머지않아 포스트잇이 덕지덕지 붙어 있는 난잡한 게시판처럼 되어버리고 말 테니 말이다. 아마 집중수행을 하려는 순간 마음속 한구석에서 "생일 카드를 잊으면 안 돼!", "음악회 입장권 예매를 위해 전화를 걸어야지!" 등등의 잡다한 생각이 계속 경고 신호를 보낼 것이다.

이런 상태에서는 그 무엇도 제대로 되지 않는다. 머릿속은 노란 메모지들로 뒤죽박죽이다. 그러니 이제부터는 해야 할 일이 생각나는 즉시 할 일 목록을 기록하는 노트에 적도록 하자. 그러면 그 일을 머리에서 지워버리고 지금 하는 일에 집중할 수 있다.

또 한 가지 중요한 점! 할 일 목록을 기록하는 노트가 언제나 제자리에 있도록 해야 한다는 것이다. 자칫 하면 할 일이 무엇인지 기억하느라 시간을 쓰는 대신 할 일 목록을 적은 노트를 찾느라 똑같이 시간을 쓰게 될 수도 있다. 그러니 할 일 목록을 적은 노트를 어느 자리에 놓아야 할지 정하고 늘 거기 두도록 하라. 손을 뻗으면 쉽게 닿을 수 있지만 시야에는 들어오지 않는 장소라면 더욱 좋다. 목록이 눈에 띄면 해야 할 일들이 떠오르면서 마음이 흐트러질 수 있으니 말이다.

## 조직화를 위한 시스템 2 할 일 목록을 바탕으로 하루 일정 관리하기

매일 아침 하루를 시작하기 전에 할 일 목록에서 그날 끝마쳐야 할 제일 중요한 일 일곱 개를 뽑아내도록 하라. 왜 일곱 개냐고? 두뇌의 단기 기억 속에 저장할 수 있는 최대치가 일곱 개이기 때문이다. 또한 해야 할 일이 열 개 이상으로 너무 많아지면 도저히 못 끝낼 것 같다는 무력감이 들 수 있으므로 적절하지 않다.

집중 수행은 간단히 말해 해야 할 일에는 집중하고 필요 없는 일은 무시하는 상태이다. 다음 주에 해야 할 일은 당장 오늘 상황에서는 필요 없는 일이다. 오늘 할 일 일곱 개를 정해두면 괜히 정신이 분산되는 상황을 막아줄 것이다.

일곱 가지 할 일은 중요도 순으로 나열하라. 이렇게 해두면 상황 파악을 명료하게 할 수 있다. 무엇을 어떤 순서로 해야 하는지가 시각적으로 정리되는 셈이다.

스트레스 관리의 아버지라 불리는 오스트리아 출신 의학자 한스 젤리에Hans Selye는 "너무 많은 것을 기억하려는 노력이 심리적 스트레스의 주요 원인이다. 나는 중요하지 않은 일은 즉각 잊어버리고 필요한 것은 메모하려 애쓴다. 이렇게 하면 최대한 단순해진 상태로 복잡한 지적 작업을 수행할 수 있다." 요컨대 중요도에 따라 나열된 일곱 가지 할 일들은 최대한 단순해진 상태로 복잡한 업무를 처리하기 위한 방법이다.

### 조직화를 위한 시스템 3 "다음에 할 일은 뭐지?"라는 질문 던지기

한 가지 일이 끝날 때마다 선택의 기회가 생긴다. 다음에 무엇을 할 것인가 하는 선택이다. 하루에 열 번 이상 할 수 있는 그 선택은 참으로 중요하다. 이때 우선순위가 가장 높은 일을 매번 선택할 수 있다면 최고의 효율성을 얻게 될 것이다.

워크숍에 참석했던 한 여성은 이렇게 말했다. "지금까지 저는 아무 원칙 없이 다음에 할 일을 정해왔다는 걸 깨달았어요. 전 사무실에 도착하면 바로 이메일을 확인하지요. 즉각 답변해야 할 것도 있지만 그렇지 않은 것도 많아요. 그 와중에 재미있는 유머를 읽게 되면 제 친구들한테 그 유머를 이메일로 보내주느라 한참 시간을 보낸답니다. 이제부터는 제 T.I.M.E.를 최고로 사용하는 것이 어떤 일일지 늘 확인해야겠어요."

힘든 업무 대신 재미있는 유머에 눈길을 돌리고 싶은 유혹은 생각보다 크고 강하다. 하지만 힘든 업무는 미룬다고 해서 사라지지 않는다. 오히려 점점 더 쌓인다. 앞에서 소개했던 세 가지 질문—"이 일을 해야 하는가?", "이 일이 끝나기를 바라는가?", "기다리면 이 일이 더 쉬워지는가?"—을 던지는 것도 선택의 기로에 섰을 때 도움이 될 것이다.(88페이지 참조)

## 조직화를 위한 시스템 4 **서류 버리기**

당신도 서류더미에 짓눌려 사는가? 영화제작자 새뮤얼 골드윈은 사무실을 꽉 채운 낡은 청구서, 편지, 서류 등을 내버리고 효율성을 높여야 한다는 전문가의 조언을 듣고 마지못해 동의하면서도 "잠깐, 사본을 만들고 나서"라고 덧붙였다고 한다. 당신도 혹시 이런 유형인가?

필요한 것은 서류가 아니라 거기 담긴 정보라는 점을 기억하라. 다른 곳에서 그 정보에 접근할 수 있다면 사무실에 서류나 사본을 둘 필요가 없다. 우리의 목표는 서류를 분류하고 보관하고 찾는 데 들어가는 시간을 대폭 줄이는 것이다. 그 시간이 생산성을 크게 떨어뜨리기 때문이다.

"서류를 내버리고 나면 바로 다음날 아쉽고 필요한 일이 생기던데요!" 이렇게 항의하고 싶은가? 이를 방지하기 위해 다른 곳에서 찾을 수 있는 정보일 경우 서류를 내버리라고 말한 것이다. 노벨상 수상작가 아이작 싱어Isaac B. Singer는 '휴지통은 작가의 가장 좋은 친구'라고 하였다. 우리에게도 그렇다. 더 이상 불필요한 서류를 뒷감당하느라 당신의 T.I.M.E.를 소모하지 마라.

## 조직화를 위한 시스템 5 **비슷한 일을 모아서 효율성 높이기**

함께 처리할 수 있는 일들이 있다. '빈손으로 움직이는 법이 없는' 식당 종업원은 시간 절약의 진수를 보여준다. 2번 테이블에 주문을 받으러 가면서 4번 테이블에 반찬을 채우고 6번 테이블에는 소금을, 7번 테이블에는 계산서를 놓는다. 네 번 오갈 일을 한 번으로 줄이는 것이다.

우리도 그렇게 해보자. 비슷한 일들을 모아 한꺼번에 신나게 처리하는 것이다. 하나를 끝내고 다시 마음을 다잡아 시작할 필요가 없이 흐름을 탈 수 있다. 가속 페달과 브레이크, 차선 변경과 변속기 조작을 반복하는 대신 고속도로에서 계속 씽씽 달리는 격이라고 할까? 가령 전화 받는 시간, 이메일을 읽고 답하는 시간 등 비슷한 업무를 한꺼번에 모아 처리하는 시간을 정해놓으면 효율성이 대폭 높아질 것이다.

### 조직화를 위한 시스템 6 T.I.M.E. 낭비 요소 없애기

나의 워크숍에 참석하는 사람들은 집중 수행을 하지 못하는 이유를 물으면 대체로 이런저런 상황을 탓한다. 그러나 우리의 목표는 상황이 생산성을 억누르도록 용인하는 대신 스스로 상황을 바꾸는 것이다. 불필요한 일에 귀중한 T.I.M.E.를 낭비하지 않도록 도와줄 몇 가지 사소한 습관을 소개하면 다음과 같다.

전화했을 때 상대가 부재중이면 충분한 메시지를 남겨두기

여행사 직원이라는 워크숍 참석자가 알려준 방법이다. "저는 왜 전화했는지, 전하고 싶은 내용이 무엇인지를 늘 고객의 자동응답기에 상세히 남기는 편입니다. 그리고 그 고객이 전화했을 때 제가 받지 못하면 역시 그렇게 해달라고 부탁하지요. 이렇게 하면 다시 전화할 필요가 없거든요. 이런 시간을 절약하면 단기 특별 할인 기간을 놓치지 않게 되지요. 전화통화가 안 돼 애태우다가 할인 항공권을 못 사면 안 되잖아요. 전화를 걸고 받는 시간이 줄어드니 항공권 검색에 쓸 시간도 늘어납니다."

## 미리 전화해 확인하기

예약해둔 비행기가 연착하거나 취소되어 공항에서 몇 시간씩 기다리는 일을 겪은 적이 있는 어느 비즈니스맨은 지금은 늘 확인 전화를 해본 뒤 집에서 나온다고 한다. 병원에 갈 때나 고객을 만날 때도 미리 확인할 필요가 있다. 앞 환자나 회의 때문에 약속 시간이 뒤로 밀린다면 다시 시간을 정하거나 기다리면서 할 일을 가져가는 식의 조치를 취할 수 있다.

## 팩스나 이메일을 통해 대면 시간 줄이기

일 년 내내 하루도 쉬지 않고 일해온 부동산 중개인은 그만 만성피로 증후군에 시달리게 되었다. 고민 끝에 그는 고객이나 동료와 얼굴을 맞대고 이야기하거나 전화하는 대신 이메일이나 팩스를 이용하기 시작했다. 그러자 업무 시간이 대폭 줄어들었을 뿐 아니라 논의사항이 문서로 남은 덕분에 오해의 여지도 없어졌다고 한다.

# 조직적으로 일하는 기술

조직화란 무언가를 하기 전에 먼저 해두는 일이야. 일을 시작한 후 혼란에 빠지지 않도록 방지하는 거지. _《곰돌이 푸》시리즈의 등장인물 크리스토퍼 로빈이 하는 말

당신의 사무실을 조직화하여 집중 수행을 촉진하기 위해 어떻게 할 계획인가? 오늘의 할 일 목록을 정리해 다음주에 처리할 일과 헷갈리지 않도록 하면 어떤가? 한 권의 노트에 할 일 목록을 기록해 기억해야 할 일을 모두 적고 머릿속에 빈 공간을 만드는 것은 어떤가? 당신 나름의 조직화 시스템을 마련하여 원하는 때 원하는 방법으로 집중 수행하라.

## 혼란 상태

**여러 개의 종이에 분산된 할 일 목록**
"어딘가 적어둔 것 같은데. 대체 어디다 둔 거지?"

**할 일을 모두 머릿속에 담아두려 하기**
"아들을 농구연습장에 태워다 주는 걸 잊으면 안 돼. 가는 길에 철물점에 들러서……."

**목록에 너무 많은 일을 적어두기**
"도저히 다 해낼 수가 없어. 희망이 없다고!"

**당장 무슨 일을 해야 할지 알지 못함**
"이메일이 와 있는지 볼까? 아, 재미있는 소식지가 와 있군."

**서류를 남김없이 모두 보관하기**
"사무실이 쓰레기통이야! 뭐 하나 찾으려면 며칠이 걸리네."

**멈추고 다시 시작하는 업무 유형**
"자, 팩스를 보냈으니 이제 회의에 가야겠다. 그리고 자료 입력을 한 후에 전화를 걸어야지."

## 집중 수행 상태

**한 권으로 단일화된 할 일 목록 노트**
"할 일 목록을 하나로 정리해 언제든 볼 수 있게 만들어야지."

**할 일을 목록에 기록해두기**
"오늘의 할 일 목록에 적어두자. 농구연습장이랑 철물점."

**오늘 할 일을 일곱 가지로 추려내기**
"일곱 가지 일을 중요도 순으로 정리해두면 돌발상황이 일어나도 문제없어."

**다음에 해야 할 일을 알고 있음**
"소식지는 이따가 읽어야겠어. 일단 보고서 작성을 끝내자."

**서류가 아닌 정보를 관리하기**
"이 이메일은 인쇄할 필요가 없어. 다시 열어보면 되니까."

**비슷한 업무를 한꺼번에 처리하기**
"거래처에 서류를 가져다주고 오는 길에 필요한 사무용품을 사와야지."

# 22 ── 불쑥 끼어드는 사람을
## 예의 있게 다루는 법


**거대하고 모호한 문제에 대해 체계적으로**

**생각하기란 쉽지 않다. 하지만 우리는 상황에**

**통제당하기보다 상황을 통제해야 한다. 대안은 없다.**

W.S. 루카이저W.S.Rukeyser, 저널리스트


당신 사무실에는 늘 사람들이 우글거리는가? 누군가 불쑥 찾아와 의미 없는 수다를 떨다 가는 일이 많은가?

발레리나 안나 파블로바Anna Pavlova는 "한 가지 목표를 중단 없이 추구하는 것, 그것이 성공의 비결이다"라고 하였다. 하지만 넓은 사무실에 칸막이 책상을 놓고 일하는 직장인들에게 중단 없이 집중 수행을 하기란 사실 불가능에 가깝다. 직장인들이 하루 평균 60번이나 방해를 받는다는 통계도 있다. 하여 이 장에서는 집중 수행의 방해물을 최소화하고, 나아가 제거하는 방법을 알아볼 것이다.


### 방법1 사무실 문을 활짝 열어두지 말라

활짝 열린 문은 어서 들어와 방해해달라고 하는 초청장이나 다름없다. 사무실 문을 언제나 열어놓으라는 지침은 재고해 마땅하다. 반쯤 열린 문은 "방해하기 전에 한번 생각해봐"라는 뜻이다. 중요한 사안 없이 그냥 수다 떨러 오는 사람이라면 반쯤 열린 문 앞에서 그냥 돌아설 것이다.

어느 직장인의 사례를 보자. "제 책상은 복도를 향해 있었어요. 그래서 누군가 지나가면 무의식적으로 고개를 들게 되지요. 눈이 마주치면 인사를 나누고 그럼 상대방이 제 사무실에 들어와 잡담을 시작해요. 워크숍에 참석한 후 저는 사무실 문을 반쯤만 열어두었고 책상도 벽을 향하도록 옮겼답니다. 지금은 복도를 지나다니는 사람들에게 방해받지 않게 되었어요."

### 방법 2 상대의 상황을 고려하라

사람들이 불쑥 밀고 들어오는 상황을 막으려면 서로 예의를 갖춰야 한다. 우선 당신부터 다음 단계를 통해 동료의 집중 수행을 방해하지 않도록 하라.

1단계 동료에게 말을 걸거나 무언가 묻기 전에 먼저 상대의 모습을 살펴라.

2단계 동료가 바쁜 모습이라면 스스로에게 물어보라. "긴급 사안인가, 아니면 나중에 물어도 괜찮은 일인가?"

3단계 긴급 사안이라는 결론이 났다면 "바쁜데 미안하지만 2분만 시간을 내줄 수 있을까요?"라고 물어보라. 상대가 바쁘다는 것을 먼저 인정했으므로 상대는 당신이 쓸데없이 시간을 빼앗을 생각이 없다는 것을 알게 될 것이다. 2분이라고 시간을 한정하는 것은 상대가 당신 말에 좀 더 집중하여 귀를 기울이게 만든다.

4단계  긴급 사안이 아니라면 돌아서라. 그리고 질문이나 할 말을 모아 한꺼번에 전달함으로써 최소한으로 방해하도록 하라.

## 방법 3  집중 업무 시간을 전략적으로 확보하라

재택근무를 하는 경우라면 가족들과 미리 규칙을 정해두어야 한다. 우리 아들들은 내가 일할 때 함부로 방해해서는 안 된다는 것을 잘 알고 있다. 긴급하지 않은 일이라면 내 업무 시간이 끝날 때까지 기다린다. 긴급한 일이라면 내 어깨에 살며시 손을 얹거나 메모를 하여 가져온다. 나는 평화롭고 고요하게 내 일에 몰두하고, 아이들은 필요할 때 내 주의를 끌 수 있는 윈-윈 전략이다.

기업이나 단체의 소식지를 편집하는 일을 하는 내 친구 엘렌은 어느 날 내게 고충을 털어놓았다. 낮에 자기가 집에 있다는 걸 아는 사업 파트너나 친구들이 수시로 전화를 걸어대고 심지어는 불쑥 찾아온다는 것이다. 쌀쌀맞게 굴고 싶지 않아 응대하다 보면 도통 작업 능률이 오르지 않아 걱정이라고 했다. 내가 어째서 전화를 자동 응답 상태로 돌려놓지 않느냐고 묻자 엘렌은 언제든 고객의 전화를 받아야 한다고 생각하기 때문이라고 대답했다.

나는 엘렌에게 전략적으로 집중 업무 시간을 확보해야 한다고 조언했다. 엘렌은 마침내 오전 8~10시, 오후 2~4시로 전화통화 시간을 제한하기로 했다. 그리고 사업 파트너와 친구들에게 편지로 그 사실을 알렸다. 명함에도 통화 가능 시간을 써두었다. 그 외의 시간에는 자동 응답기를 작동시키고 다음번 통화 가능 시간에 통화를 하는 것으로 하였다.

몇 주 후 만난 엘렌은 매우 만족스럽다고 했다. 10시부터 2시까지 아무 방해받지 않는 네 시간 동안 예전이라면 하루 종일 걸렸을 분량의 일을 하게 되었다는 것이다. 또 엘렌의 새로운 방식을 전해들은 사람들은 비난하기는커녕 자기들도 그렇게 해야겠다는 말을 해주었다고 했다.

당신은 업무 시간에 원치 않는 방해를 받지 않기 위해 어떤 조치를 취할 생각인가? 우선 남들의 집중 수행 권리를 인정하고 존중한 후 당신의 권리를 요구하라. 몇 분에 한 번씩 불쑥 끼어드는 사람이나 일이 없어진다면 집중 수행 능력은 한층 향상될 것이다.

**Action Plan**

# 불쑥 끼어드는 방해물 제거하기

위인은 한 방향으로 지속적으로 노력함으로써 업적을 이뤄낸다. 목적 달성을 원한다면 생각의 흐름을 꾸준히 일관되게 관리하라. _《역경》 중에서

업무의 중요한 목적을 달성하고, 원하는 것을 성취하고 싶다면 일관되고 꾸준한 노력을 기울여야 한다. 다시 말해 방해 요소를 최소화하여 생각이 뚝뚝 끊어지지 않는 환경을 만들어야 한다.

그렇다고 냉정한 사람이 되라는 이야기는 아니다. 미리 체계를 만들어라. 전화통화가 가능한 시간을 정하고, 동료나 가족과 집중 수행 예절을 협상하라. 조용하고 평온한 분위기에서 일해야 하는 타인의 필요를 먼저 인정한다면 타인도 당신의 필요를 인정하고 존중할 것이다.

## ⓕ 혼란 상태

**타인의 집중 수행을 방해하기**
"이봐, 톰. 어제 야구시합 봤어?"

**사교공간이 되어버린 사무실**
"5분마다 동료들이 들어와 말을 시키는데 무슨 일을 해?"

**생각 없이 방해하도록 방치하기**
"활짝 열린 출입문은 어서 들어와 방해해달라는 말이나 다름없다던데……."

**어떤 생각이 나자마자 말하기**
"앨리스가 아파서 결근한 모양인데. 제시, 앨리스가 어디 있는지 알아?"

**상대의 T.I.M.E.를 무한정 빼앗기**
"내가 그 얘기했던가? 지난번에 골프를 치러 갔는데 말이야……."

## ⓕ 집중 수행 상태

**집중 수행 예절을 지키기**
"아, 톰이 바쁜 모양이군. 나중에 다시 와서 말을 걸어야겠어."

**평화롭고 고요한 사무실**
"출입구에 메모지를 붙여 사람들이 들어오기 전에 한 번 더 생각하게 만들어야지."

**함부로 방해 받지 않도록 조치해두기**
"문을 반쯤만 열어두겠어. 그러면 불쑥 들어오지 않을 거야."

**어떤 생각이 나면 '이것이 긴급 사안인가?'라고 자문하기**
"앨리스가 어디 있는지 지금 제시한테 꼭 물어봐야 하나?"

**상대의 T.I.M.E.를 세심하게 배려하기**
"마크, 짧은 질문 하나만 하고 가도 될까?"

# 23 ── 모든 이를 즐겁게 할 수는 없다

**성공의 공식을 드릴 수는 없습니다. 실패의 공식은 있지요.
모든 사람을 즐겁게 하려고 하는 것이 바로 그것입니다.**

빌 코스비|Bill Cosby, 코미디언

상점 계산원으로 일하는 사람의 하소연이다. "집중 수행 예절의 개념은 알겠어요. 하지만 제 상황에서는 어떻게 해야 하나요? 저는 몇 년째 같은 상점에서 일하다 보니 고객들과 아주 친한 사이랍니다. 고객들은 저를 붙잡고 아이 얘기, 날씨 얘기, 휴가 얘기를 하고 싶어 하죠. 가족적인 분위기도 좋지만 하루 종일 그런 이야기를 들어야 하니 힘들어요."

서비스 직종에서 일하는 사람이라면 누구나 공감할 만한 고충이다. 고객에게 친절한 태도를 유지하면서도 동시에 효율을 기하려면 어떻게 해야 할까? 고객에게 관심을 보이면서도 업무를 제때 처리하려면? 이제 어느 하나를 위해 다른 것을 희생시키는 대신 균형을 찾을 필요가 있다. '적절한 수준의' 사교로 서로 윈-윈하는 방법을 찾아야 한다.

교육 개혁가 호레이스 만Horace Mann은 "남의 시간은 돈과 마찬가지로 빌려오는 것이다"라고 하였다. 지금부터 설명할 세 가지 의사소통 전략을 동원하면 당신의 T.I.M.E.(생각, 관심, 순간, 감정)를 마구 내주지 않고도 예의를 지킬 수 있게 될 것이다.

## 내 자동응답기가 한 단계 더 발전해
## '핵심만 듣기' 버튼을 갖추면 얼마나 좋을까?

알리시아 브랜트Alicia Brant, 배우

### 전략1 너무 길어지는 대화를 요령 있게 끝내기

코미디언 헤니 영맨은 이렇게 말했다. "내 아내에게는 마지막 한마디라는 것이 없다. 거기 도달하는 법이 없기 때문에."

하지만 다음 다섯 단계를 거치면 상대의 마지막 한마디를 얻어낼 수 있을 것이다. 이상적으로 생각하면 모든 사람이 시간은 보이지 않는 돈과 같다는 것, 그리고 되도록 서로에게 도움이 되는 대화로 상대의 시간을 빌려야 한다는 것을 알아야 한다. 하지만 실제로 우리가 듣고 싶어 하는지는 안중에도 없이 그저 자기 하고 싶은 말만 끝없이 떠들어대는 사람들이 적지 않다. 이제부터는 그들을 그냥 참아내며 속으로만 삭히지 말자.

우선 '말을 막고 끼어들기'에 대한 기본 개념부터 다시 정립해야 한다. 상대의 말을 가로막는 것은 무례한 일이라고 배웠을 것이다. 하지만 그것을 이용해 자기 말만 떠드는 사람을 만났다면 얘기는 달라진다. 시계를 본다든지, 발을 구른다든지, 책상 위의 일거리를 바라본다든지 하는 간접 신호까지도 무시당하는 상황이라면 더욱 그렇다. 그런 상대는 이쪽의 신호에 아랑곳하지 않고 탐욕스럽게 남의 시간을 빼앗을 뿐이다.

실시간으로 업무를 처리해야 하는 오늘날과 같은 시대에는 끝없이 떠들어대는 고객이나 동료를 상대할 시간이 더더욱 부족하다. 게다가 우리는 한 사람이 아니라 여러 사람을 위해 일하는 존재이다. 따라서 도무지 끝낼 줄 모르고 떠들어대는 사람의 말은 가로막아도 나쁘지 않다. 그 한 사람에게 이미 어느 정도의 시간이 할애되었다면, 또한 우리의 주요 업무에 적잖이 방해가 되는 상황이라면 말이다.

끝없이 이어지는 이야기를 가로막는 것은 이렇게 무례한 행동이 아니라는 점을 먼저 기억하자. 무례한 것은 당신의 시간을 독점하고 당신이 당연히 자기 말에 귀를 기울여야 한다고 생각하는 상대방이다. 자, 어떻게 하면 최대한 상대를 배려하며 대화를 끝낼 수 있을까?

1단계 이름을 부르기

무작정 끼어들면 상대는 "아직 내 말이 안 끝났어요!"라고 하면서 더 큰 목소리로 이야기를 이어갈 것이다. 일단 이름을 부르면 상대가 말을 멈추게 된다. 그 순간을 잡아채야 한다.

2단계 상대가 한 말을 요약하기

"사려고 하신 세일 품목이 마침 품절이 되어서 정말 죄송해요", "따님이 수영대회에서 1등을 했으니 정말 자랑스러우시겠어요"라는 식으로 상대가 했던 말의 요지를 간단히 정리하라. 그러면 상대는 당신이 자기 말을 잘 듣고 핵심을 파악했다는 점을 알게 될 것이다.

3단계 해결책을 제시하기

"다음번에 오시면 세일 가격에 그 제품을 구입할 수 있도록 해드리지요", 혹은 "전화를 끊자마자 제가 조치를 마련해보겠습니다"라고 말하라. 대화를 종료하고 해결책으로 나아가자는 신호가 될 것이다.

4단계 다정한 인사로 끝맺기

다정한 인사말은 혹시라도 갑자기 대화가 중단되는 상황에서 상대가 느낄지 모르는 부정적 감정을 상쇄시킨다. "제게 그 말씀을 해주셔서 고맙습니다", 혹은 "내일 학부모 모임이 어떻게 되었는지 다음에 꼭 얘기해주세요"라는 식의 맺음말은 상대가 무안하지 않게 만들어준다.

5단계 몸짓 언어로 대화를 종료할 의지 보이기

상대가 그대로 계속 말을 이어가려 한다면 몇 발자국 뒤로 물러나거나 다음 사람 쪽으로 몸을 돌리는 식으로 좀 더 적극적인 신호를 보낼 필요가 있다. 이때 시선까지 한꺼번에 돌려버리지 않도록 주의하라.

## 전략 2 전화통화 시간을 제한하기

"대면하는 상황에서 그런 방법은 효과가 있을 것 같아요. 하지만 제가 겪는 문제는 전화통화랍니다. 상대가 저를 보지 못하는 상황에서 어떻게 대화를 끊으면 좋을까요?" 워크숍에 참석한 다른 사람이 물었다.

이럴 때는 "통화를 마치기 전에 한 가지 확인하고 싶군요", 혹은 "전화통화가 끝나면 제가 바로……"라고 말하라. 이런 말을 들은 통화 상대는 당신이 곧바로 행동에 나서도록 하기 위해 서둘러 말을 마무리하게 된다.

이때 말끝을 올리지 않도록 주의하라. 문장 끝을 올리면 질문처럼 여겨져 또다시 대화가 시작될 수 있다. 말끝을 낮춰야 상대방에게 여지를 주지 않고 대화를 끝맺게 된다.

워크숍 참석자가 다시 물었다. "그래도 소용이 없다면요? 상대가 아랑곳하지 않고 말을 이어가면 어떻게 예의 바르게 통화를 끝내야 하지요?" 그런 경우라면 "더 설명을 드리면 좋겠습니다만 다른 고객분과 약속이 잡혀 있네요"라는 식으로 직접적으로 말하라.

한 여성 참석자는 바로 전날의 경험을 털어놓았다. "전화 판매원이 한창 저녁식사를 하는 중에 전화를 해서는 25분이나 통화를 하게 만들지 뭐예요! 저한테는 정말 단 한마디도 할 시간을 주지 않더라고요. 우리 식구가 함께 있을 시간은 그 저녁식사 때뿐이었는데 말이지요. 앞으로는 그렇게 쩔쩔매지 않고 제대로 통화를 끝내야겠어요. 제가 허락하지 않는 한 누구도 절 전화기에 붙잡아놓지 못한다는 걸 이제야 깨달은 거지요."

마지막 말이 의미심장하다. 전화기를 붙잡고 있게 만든 상대를 더는 비난하지 말라. 전화통화에 당신의 T.I.M.E.를 얼마나 쓸지는 당신이 직접 결정해야 한다. 당신이 제대로 결정하고 통제하지 못한다면 상대에게 끌려다닐 수밖에 없다.

전화를 걸어온 상대가 전화 판매원이라는 것을 안다면, 그리고 그 제품에 관심이 없다면 "미안하지만 관심이 없습니다"라고 말한 후 가만히 전화를 끊어버릴 권리가 얼마든지 있다. 전화 판매원들은 쉴 틈 없이 말을 이어가도록 교육받는다. 잠재 고객과 오래 통화할수록 판매 가능성이 높아진다고 믿기 때문이다.

고객이 전화를 걸어왔다면 "어떻게 지내십니까? 별일 없으시죠?"라고 인사를 건네는 대신 "반갑습니다. 무슨 일이신지요?"라고 물어라. 고객이 "통화 가능하세요?"라고 물어온다면 "5분 정도는 괜찮습니다"라는 식으로 분명히 선을 그어라. T.I.M.E.가 넉넉하다면 내키는 대로 수다를 떨어도 좋겠지만 대부분의 비즈니스맨들은 그럴 처지가 못 된다. 그러니 '적절한 수준'의 배려로 효율성을 제고하도록 하자.

### 전략 3 우선순위에 따라 일하기

남들이 당신의 우선순위가 아닌 일을 해달라고 강요할 때 어떤 말을 해야 할까? 남들을 즐겁게 하기 위해 하던 일을 그냥 내던지지 말고 다음 질문들을 던져보라. 그리고 우선순위에서 밀리는 일이라면 정중하게 다음번으로 미뤄라.

1단계 '저 일이 내가 지금 하고 있는 일보다 더 중요한가?'라고 스스로에게 물어보라

다른 사람이 부탁해온 일이 내가 지금 하고 있는 일보다 우선순위 면에서 더 높은가?

2단계 '그렇다'라는 대답이 나오면 새 일로 전환하기 전에 하던 일의 핵심어를 적어두라

이렇게 몇 초를 투자해두면 다시 하던 일로 돌아왔을 때 쉽게 흐름을 잡을 수 있다. 핵심어가 있으면 "내가 뭘 덧붙이려 했지?", "뭐부터 할

차례지?"라고 고민하는 시간이 절약된다. 핵심어를 적어두면 일시적으로 끼어든 일을 머리에서 지울 여유도 얻게 되어 새 일에 더욱 집중할 수 있다.

3단계 '아니다'라는 대답이 나오면 용기를 내어 일정 조정을 요청하라

남을 잘 도와주는 친절한 사람이 되면 물론 좋겠지만 비용도 생각해야 한다. 늘 나보다 남을 우선시한다면 집중 수행은 어려워진다. 남이 원하는 것이 내 T.I.M.E.를 최고로 사용하는 방식이 아니라면 다음과 같은 말로 정중하게 상대를 납득시켜라.

- 우선 상대를 돕고 싶다는 의도를 표현하라 "저도 함께 논의를 하고 싶은데요" 혹은 "어떤 상황인지 잘 알겠습니다"라고 말하라. 바쁘니까 잠시 후에 보자는 식으로 곧바로 외면하는 대신 상대방의 요청이 중요하다는 점을 일단 인정해주는 것이다.

- 당신의 현재 상황을 설명하라 "급한 일이라는 걸 알겠습니다. 제가 이 전화 한 통만 하고 나서……"라는 식으로 설명하라. "급한 일이라는 걸 알겠습니다. 하지만 전 전화를 해야 해서……"라고 말하는 것보다 훨씬 호의적으로 들릴 것이다.

- 일정을 제안하라 "회의 끝나자마자 제가 갈까요?" 혹은 "10분 후에 바로 전화 드릴까요?"라고 말하라. 질문형으로 일정을 제안하면 상대가 상황의 통제권을 쥐게 되는 것처럼 보인다. 반면 "이 일 끝내고 전화 드리죠"라는 평서형 문장은 자칫 지시받는다는 느낌을 줄 수 있다.

• 다정하게 대화를 끝내라  상대의 이름을 부르면서 호의를 담아 인사를 건네
도록 하라. "고마워요, 제임스. 이 일부터 일단 정리할 수 있도록 시간을 줘서
고마워요."

**Action Plan**

## T.I.M.E를 고려한 의사소통

최근 몇 년 동안 아내에게 말을 걸지 않았다. 방해하고 싶지 않아서. _로드니 데인저필드
Rodney Dangerfield, 배우

혼자 끝없이 떠들어대는 사람의 말을 막는 것은 무례한 일이 아니라 오히려 적절하고 꼭
필요한 일이라는 점을 기억하라. 언제 누구와 어떤 화젯거리를 얼마나 오래 이야기하며
T.I.M.E를 쓸 것인지는 온전히 우리 자신이 선택해야 한다. 무엇이 먼저이고 무엇이 더 중요
한지 스스로 결정하지 못하는 한 집중 수행은 불가능하다. 오늘부터는 대화나 통화가 너무
길어질 때, 혹은 우선순위가 낮은 일을 부탁받을 때 좀 더 전략적으로 대처하자.

| 혼란 상태 | 집중 수행 상태 |
|---|---|
| **상대의 수다를 말없이 들으며 괴로워하기**<br>"30분 동안 어떻게 숨도 안 쉬고 떠들어대는 거지?" | **끼어들어 말을 끊기**<br>"나머지 이야기를 들으면 좋겠지만, 벌써 아이들을 태우러 가야 할 시간이라서요." |
| **끼어드는 것이 무례하다고 생각하기**<br>"내가 말을 막으면 상대가 무척 화를 낼 거야." | **끼어드는 것이 옳을 때도 있다는 점을 인정하기**<br>"제가 마침 할 일이 있어서요." |
| **형평성을 고려하지 않고 한 사람만 상대하기**<br>"내가 다른 사람에게도 전화해야 한다는 걸 모르는 거야?" | **형평성을 기하기**<br>"내일 다시 이야기하지요. 지금은 제가 다른 분들에게도 전화를 걸어야 해요." |
| **오래 이어지는 대화를 참고 견디기**<br>"저 얘기는 벌써 세 번째 듣는 거야. 대체 언제쯤 끝날까?" | **오래 이어지는 대화를 격조 있게 끝내기**<br>"말씀하시는 요지를 제가 메모해두었습니다. 직원 회의 때 안건으로 올릴게요. 전화주셔서 고맙습니다." |
| **우선순위가 낮은 일에서 벗어나지 못하기**<br>"서류집게와 A4용지가 다 떨어져가는군. 어서 주문해야 해."(속으로는 그러다가 작성 중인 서류 마감 기한을 놓칠지 모른다고 걱정함) | **우선순위가 낮은 일은 미뤄두기**<br>"비품 상황을 알려주어 고마워요. 이 일을 마치고 제가 필요한 비품 목록을 만들도록 하지요." |

# 24 —— 가장 효과적인 공부의 기술

**좋아하지 않는 공부는 기억력을 망가뜨리고
결국 아무것도 남지 않게 된다.**

레오나르도 다빈치|Leonardo da Vinci, 화가

'난 지금 학교에 다니지 않으니 이 부분은 도움이 안 되겠군.' 혹시 이런 생각을 하고 있는가? 그렇다면 다시 생각해보라. 우리에게는 인생이 곧 학교이니 말이다. 학교에 다니지 않아도 우리에게는 늘 과제가 있다. 최신 산업 동향에 뒤처지지 않기 위해 전문 잡지를 읽어야 하고 새로 산 컴퓨터 소프트웨어나 스마트폰 사용법을 익히느라 매뉴얼에 매달려야 한다. 주기적으로 재교육을 받아야 하는 직종도 의사, 교사, 엔지니어 등 무수히 많다.

당신은 어떤 목표를 정하고 공부하고 있는가? 그저 해야 하기 때문에 마음이 내키지 않는데도 하는 중인가? 만약 그렇다면 꼭 해야 할 필요가 있을까?

흔히 목표가 없는 행동은 무의미하다고 한다. 당신이 지금 공부를 하고 있다면 그것이 승진시험을 위한 것이든 퀴즈 대회를 준비하는 것이든 얻고자 하는 것이 무엇이며, 왜 나에게 가치가 있는지 분명히 해야 한

다. 이 부분이 분명하지 않다면 계속 공부할 동기가 생겨나기 어렵다.

다음에 소개할 공부 전략은 평생 동안 공부하는 습관을 들이기 위한 것이다. 이를 잘 활용하면 어떤 목적을 위해 공부를 하든 당신의 T.I.M.E.를 가장 효율적으로 사용하게 해줄 것이다.

공부가 하고 싶어 안달인 사람은 드물다. 그러므로 한정된 공부 열정을 최대한 활용할 수 있도록 공부 시간을 짜야 한다. 여기서 고려해야 할 요소는 세 가지다. 공부해야 할 내용의 양이나 상대적 난이도, 환경 조건, 그리고 에너지 수준이다. 요컨대 에너지 수준이 가장 높고 주변 환경이 가장 우호적일 때 제일 어려운 내용을 공부하는 식으로 순서를 잡아야 한다.


## 설교가 20분을 넘어서면 어떤 죄인도 구원할 수 없다.

마크 트웨인Mark Twain, 소설가


아무리 재미있는 일을 하고 있다 해도 20분이 넘어가면 주의집중력이 조금씩 흐트러지게 된다. 그리고 부분적으로만 집중하는 상태로 접어든다. 100% 집중하지 못하는 상태라면 이해하고 기억하는 분량이 줄어들고 세부적인 실수를 저지르기 쉽다.

그래서 레오나르도 다빈치는 "가끔씩 휴식시간을 둬야 한다. 계속 일에 집중하다 보면 판단력이 사라지기 때문이다"라고 조언했던 모양이다. 휴식 없이 계속 집중하려 하면 집중 수행 능력도 떨어진다.

역설적으로 들릴지 모르지만 오랫동안 집중하는 방법은 결국 오랫동안 집중 상태를 유지하려 하지 않는 것이다. 몇 시간 내내 매달리기보다는 일하다가 조금 쉬고 다시 일하다가 조금 쉬고 하는 편이 훨씬 효율적이다. 다음에 정리한 내용을 활용해 머리가 작동을 멈추기 전에 휴식하고 기분을 전환하도록 하라.

### 1단계 매 시간마다 5분씩 휴식하기

휴식 시간은 두뇌 배터리를 충전할 기회이다. 우리 마음은 그 시간 동안 공부했던 것을 흡수하고 소화시킬 것이다. 물론 완벽한 집중 수행 상태에 이르렀다면 굳이 휴식할 필요는 없다. 자연스럽게 몰입을 계속해도 좋다.

### 2단계 다른 일이나 숙제로 넘어갈 때 5분 휴식하기

주제나 내용이 바뀌었다면 우리 마음의 기어도 변속할 시간을 주어야 한다. 이는 특히 좌뇌 기반의 주제에서 우뇌 기반의 주제로 넘어갈 때 중요하다.

1968년 인간 사고에 대한 혁신적 연구를 진행하여 훗날(1981년) 노벨상을 받은 심리생리학자 로저 스페리Roger Sperry에 따르면 좌뇌는 언어적/분석적 사고를, 우뇌는 시각적/인지적 사고를 담당한다고 한다. 선형적 사고(공식이나 날짜 암기 등)에서 창의적 사고(시 해석, 글쓰기, 예술 작업)로 넘어갈 때는 작동되는 두뇌 영역 자체가 바뀌는 셈이므로 전환 시간을 둘 필요가 있다.

### 3단계 한 가지 일이 끝났을 때 스스로를 칭찬하기

유치하다고? 그렇지 않다. 교육 전문가들에 따르면, 우리가 스스로의 등을 두드려주며 '잘했어' 혹은 '그렇게 복잡한 숙제를 참고 끝내다니 대단해'라고 말해주면 괴로운 일이 만족스러운 경험으로 바뀐다고 말한다. 심리학자들도 뭔가 일을 잘 끝마칠 때마다 스스로를 칭찬하면 결국 자신감이 커지는 효과가 있다고 하니 마음 놓고 스스로를 칭찬해주어도 좋다.

"한발 물러서는 것은 흔히 생각하듯 무책임한 일이 아니다. 의무와 책임을 더 잘 수행하도록 자신을 준비시키는 것이다." 작가 마야 안젤루Maya Angelou는 이렇게 말했다. 피곤해서 더 이상 공부를 계속할 수 없을 때 중단하고 휴식을 취하는 것은 게으른 행동이 아니다. 제대로 공부할 가능성을 높이는 행동이다.

# 25 ── 필요할 때마다
## 머릿속 정보를 꺼내는 법

**집중하여 시간을 잘 쓸 수 있는 능력, 그게 전부이다.**

리 아이어코카(Lido Iacocca, 경영인

앞서 잘 준비할수록 운동 경기를 잘 치를 수 있다는 설명을 했다. 시험도 마찬가지이다. 이제부터는 무작정 공부를 하는 대신 마음속으로 이렇게 질문을 던져보길 바란다. "이 과목의 시험은 어떤 형태로 나올까? 시험 때 제대로 기억하고 써내려면 어떤 식으로 정보를 집어넣어야 할까?"

### 1단계 시험과 동일한 방식으로 준비하기

구두시험이라면 친구에게 질문을 던지게 하고 대답하는 연습을 하라. 시험 시간이 정해져 있다면 시간을 재보면서 답안지를 써내려가는 연습이 필요하다.

### 2단계 다양한 감각을 활용하기

더 많은 감각을 활용해 익힌 정보일수록 더 오래 기억에 남는다. 책에 중요한 내용이 나왔다면 필기하고 큰 소리로 읽고 그 소리를 귀로 들어

라. 이렇게 하면 필요할 때 제대로 기억해낼 가능성을 크게 높일 수 있다.

시험날 아침에는 시험 범위를 한번 훑어본 후 기운차게 걸어라. 팔다리를 흔들면서 예상 문제에 답변하는 연습을 하라. 두뇌에 산소를 보내면서 동시에 지식을 점검하는 것이다. 중요한 숫자나 날짜는 반복해 외워라. 잠깐 메모를 참고하는 것은 좋지만 곧 고개를 들고 걸어가면서 머릿속을 정리하도록 하라.

### 3단계 불안보다는 확신 쪽으로 생각을 집중하기

마음을 안정시키는 것도, 불안감에 어찌할 줄 모르게 하는 것도 다 우리 자신이다. "난 제대로 공부를 했어. 열심히 한 만큼 시험도 잘 볼 거야"라고 스스로에게 반복해 말하라.

"만약 떨어지면 어쩌지? 망신을 당하고 재시험을 봐야 해"와 같은 부정적인 생각은 할 필요 없다. 바라는 상황에 초점을 맞추면 확신을 가질 수 있다.

### 4단계 문제를 제대로 읽기

올바른 답을 하나만 고르는 것이 아니라 모두 고르는 문제였다는 것을 뒤늦게 알고 마지막 순간에 허둥대고 싶은 사람은 없을 것이다. 먼저 문제부터 찬찬히 읽으면서 어떻게 T.I.M.E.를 적절히 배분해 집중 수행할 수 있을지 방향을 잡아라. 이렇게 해야 마지막에 복잡한 문제가 있는 것을 발견하고 당황하는 일을 막을 수 있다.

## 5단계 다른 생각은 차단하기

마음속으로 계속 다른 생각을 하게 된다면 일단 시험이 끝난 후 그 생각을 하겠다고 다짐하라. "조금 더 거리를 두고 싶다는 로저의 말이 무슨 뜻인지 물어봐야겠어. 일단 지금 한 시간 동안은 시험 치르는 데 온 신경을 집중하고 그 다음에 로저 생각을 해야지"라고 스스로에게 말하는 것이다.

그래도 자꾸만 집중 수행 상태가 깨진다면 남은 시험 문제들을 쭉 훑어보며 확실히 아는 부분을 확인하라. 그러면 자신감이 생기면서 다시 시험에 집중할 수 있을 것이다.

내가 진행하는 워크숍에 참석했던 한 대학교수는 이런 말을 했다. "고등학교를 막 졸업한 대학 신입생들, 그리고 여러 연령층의 성인들이 제 강의를 듣습니다. 그런데 그중에서 공부 방법을 제대로 아는 사람은 극히 드물더군요. 다들 정보를 채워 넣기에만 급급하지 어떻게 꺼내야 하는지 모르더라고요." 여기에 덧붙여 그는 지금부터라도 자기 학생들에게 올바른 공부법을 알려주어야겠다고 말했다.

이제부터는 필요할 때 바로 꺼낼 수 있는 방법으로 머릿속에 정보를 입력해야 한다는 점을 기억하는 것이 좋을 듯하다. 동기부여 전문가 하비 맥케이Harvey Mackey는 움직인다고 다 효율적인 것은 아니라고 하였다. 공부하려고 앉아 있는다고 해서 무조건 학습이 이루어지는 것 또한 아니다.

**2000년대의 문맹은 글을 읽고 쓸 줄 모르는 사람이 아니다.**

**학습하고 잊어버리고 다시 학습하는 법을 모르는 사람이다.**

앨빈 토플러Alvin Toffler, 미래학자


우리 모두의 직업적, 개인적 성공은 공부하려는 의지에 달려 있다. 그럼에도 공부라면 질색이라고? 아니면 "언제나 공부할 준비가 되어 있었지만 선생님한테 배워야 한다는 것이 싫었다"라고 말한 윈스턴 처칠과 비슷한 입장인가?

여전히 배움은 힘든 일이고 가능하면 피해야 한다고 여긴다면, 졸업장을 딴 후 두 번 다시 학교 쪽으로는 고개도 돌리지 않겠다고 결심했다면, 이미 아는 것이 충분하다고 생각하며 새로운 것을 배울 때의 낯설음을 힘들어한다면 이제부터는 생각을 바꿀 필요가 있다. 아래에 정리한 배움의 의욕을 불태울 만한 인용구들을 읽어보자. 이 인용구들을 통해 당신이 자기를 내려놓고 다시 초심자의 열린 마음으로 돌아갈 수 있길 바란다.


- 배움을 중단한 사람은 스무 살이든 여든 살이든 상관없이 노인이다. 배움을 계속하는 사람은 젊은이로 남는다. 헨리 포드Henry Ford, 기업인
- 시작할 때 인내심만 발휘할 수 있다면 아이보다 성인이 배움에 훨씬 유리하다. 매릴린 퍼거슨Marilyn Feguson, 《의식 혁명》의 저자
- 뭐든 다 안다는 사람들은 자기가 아는 것이 얼마나 보잘 것 없는가 하는 것만 빼고 다 안다. 무명 씨
- 인생이 한 번뿐이라는 말은 거짓이다. 글을 읽을 수 있다면 우리는 원하는 만

큰 다양한 삶을 살아볼 수 있으니……. 하야카와, 전前 샌프란시스코 주립대학 총장

배움은 우연히 이루어지지 않는다. 열정적으로 추구하고 부지런히 노력해야 한다. 지금부터라도 배움의 길에 들어서 젊음을 유지해보지 않겠는가?

**Action Plan**

# 효율적인 시험 공부법

무지가 행복이라면 왜 더 많은 사람들이 행복하지 않은 걸까요? _우체국 포스터 문구

무지는 행복이 아니다. 배움이 행복이다. 당신은 공부 습관을 어떻게 개선할 생각인가? 에너지 수준과 주변 환경을 고려해 스케줄을 짜보는 것은 어떤가? 휴식시간을 정해두고 지키면서 공부한 내용을 소화하는 것은? 시험에 대비해 가장 비슷한 상황을 재현하며 준비하는 것은 어떤가? 공부 계획을 일상에 접목시켜라. 그리하여 평생 행복한 학습자가 되어보라.

## 혼란 상태

**무작정 공부를 시작하기**
"주변이 소란스러워서 공부를 할 수 있을지 모르겠어. 어쨌든 선택의 여지가 없으니 시작해야지."

**제일 쉬운 것부터 공부하기**
"골치 아픈 수학은 가능한 한 뒤로 미뤄두자. 수학을 안 하고 살 수 있다면 얼마나 좋을까?"

**끝낼 때까지 몇 시간이고 계속하기**
"눈앞이 어질어질해. 머리도 돌아가지 않고 아직 영어는 시작도 못 했는데 어쩌지?"

**요령 없이 공부하기**
"읽기는 읽었는데 다 까먹은 것 같아. 어떻게 시험을 치르면 좋지?"

**배움을 싫어하기**
"졸업만 하면 내 평생 두 번 다시 교실에 들어가는 일은 없을 거야."

## 집중 수행 상태

**공부를 하기 위한 최선의 방법을 결정하기**
"위층에 올라가 문을 닫으면 좀 조용할 거야. 공부할 때 필요한 것부터 다 챙기자."

**난이도, 에너지, 환경을 고려해 공부 순서 정하기**
"자, 이제 조용한 상태가 되었군. 상황이 좋을 때 먼저 수학문제부터 푸는 것이 좋겠어."

**한 시간이 지날 때마다 휴식하기**
"단어를 외웠으니 샤워를 하고 기분을 전환한 다음에 글쓰기 숙제를 시작해야겠다."

**지혜롭게 공부하기**
"한 페이지를 다 읽으면 핵심 내용을 머릿속으로 정리해야지."

**배움의 의욕을 불태우기**
"나는 계속 발전하고 싶어. 정체되거나 뒤처지지 않으려면 계속 배우고 성장해야지."

# 26 ── 기억력은 습관이다

**제 기억은 사진처럼 선명하지요.**
**다만 아직 현상을 안 했을 뿐입니다.**

헤니 영맨Henny Youngman, 코미디언


자꾸 뭔가를 잊어버리는 것이 고민인가? 나이 들수록 기억력이 나빠질까 봐 걱정스러운가?

다행스럽게도 기억력은 향상시킬 수 있다. 기억력은 학습해서 익힐 수 있는 기법이며 습관이다. 나이가 몇 살이든, 머리가 좋든 나쁘든 마음을 모으면 더 잘 기억할 수 있다. 다음에 소개하는 방법들을 적극 활용해보라.


**모든 것을 다 기억하려는 것은 먹었던 모든 것이**
**몸속에 그대로 다 남아 있게 하려는 것과 마찬가지다.**

아르투르 쇼펜하우어Arthur Schopenhauer, 철학자


쇼펜하우어의 말대로 우리는 모든 것을 다 기억할 수 없다. 하지만

다음 단계를 밟는다면 조금 더 많은 것을 기억할 수 있으리라.

### 1단계 반복

반복은 기억의 어머니이다. 한 번 보거나 들은 것은 우리 마음에 남지 않는다. 더 자주 정보를 입력해야 잘 기억할 수 있다. 오랜 시간에 걸쳐 여러 번 반복 입력되는 정보는 장기 기억으로 옮겨지기 때문이다.

### 2단계 감정적 요소 넣기

나이 많은 미국인들 중에는 케네디 대통령이 암살당하던 순간 자기가 어디 있었는지 정확히 기억하는 사람이 많다. 그 순간의 감정적 인상이 너무도 강했기 때문이다. 특정 생각이나 사건, 사람과 연관된 감정적 인상이 강할수록 기억하기 쉽다. 그러므로 특정 정보를 떠올리기 위해 의도적으로 감정을 활용하는 것은 충분히 유효하다.

교육 전문가들은 특정 과목이나 시험에 신나는 주제가를 정해두라고 조언한다. 그 과목을 공부할 때나 시험을 치를 때 주제가를 떠올리면 즐겁게 정보를 입력할 수 있고 또 나중에 쉽게 떠올릴 수 있기 때문이다.

### 3단계 집중

그 순간만큼은 기억하고자 하는 것이 세상에서 가장 중요한 것이 되어야 한다. 잠깐이나마 마음속에서 다른 모든 것을 거둬내고 완벽하게 집중하라. 다른 생각에 정신이 팔려 있으면 충분히 집중할 수 없고 그러면 정보 입력이 제대로 되지 않는다. 기억하고자 하는 내용에 완전히 빠져들어야 한다.

### 4단계 **약어 사용하기**

머리글자만 따서 단어를 조합해 기억하는 방식이다. 슈퍼마켓에 들러 마요네즈와 사과, 우유를 사야 하는데 뭐 하나를 빠뜨릴까 봐 걱정스러운가? 그러면 '마사유'라고 단어를 조합해 몇 번 중얼거리면 어떨까?

무언가를 잊지 않고 기억하기 위해 손가락이나 손목에 고무줄을 걸어두는 사람도 있다. 하지만 시간이 지나고 나면 고무줄로 무엇을 떠올려야 하는지 기억이 안 나는 경우가 더 많다. 고무줄은 기억하려는 내용과 아무 관련이 없는 무작위 연결이기 때문이다.

### 5단계 **연상**

"모든 생각은 연상이다. 눈앞의 무언가가 마음속에 어떤 생각을 떠올린다. 그러면 그전까지는 인식조차 못했던 기억이 되살아난다." 시인 로버트 프로스트Robert Frost의 말이다. 우리 마음은 익숙한 정보를 더 잘 기억해낸다. 그러므로 새로운 정보를 이전에 알던 정보와 연결시켜두면 연상을 통해 금방 떠올릴 수 있을 것이다. 새로이 기억할 것이 생기면 "이전에 알던 무엇과 연결할 수 있을까?"라는 질문을 던져보라.

## 당신 이름이 기억나지 않습니다만, 제게 말해주지는 마십시오.

알렉산더 울컷Alexander Woollcott, 작가

사람들의 이름을 기억하고 불러주려 애쓰는 존재가 되어보라. 이름은 그 당사자에게 가장 정다운 호칭이다. 이름을 기억하는 것은 그 사람을 존중하고 중요하게 여긴다는 표현이다. 이는 또한 일상에서 집중 수행을 연습하고 기억력을 향상시키는 방법이기도 하다. 다음에 정리한 이름을 잘 기억하는 방법을 참고하라.

### 1단계 **의지**

이름 외우는 건 정말 못하겠다고 하는 사람들이 많다. 이런 식의 부정적인 마음가짐을 가진 사람은 방에 들어서서 사람들을 휙 둘러본 후 가장 먼저 '이 사람들 이름을 다 외우는 건 절대 불가능해'라고 단정짓고 만다. 결과는? 당연히 하나도 외울 수 없다. 의식적으로 몇 사람의 이름만이라도 머릿속에 집어넣겠다는 결심이 필요하다. 당신의 이름을 기억하고 불러주는 사람에게 어떤 느낌이 드는가? 그의 따뜻한 마음에 감동하고 고마워하지 않는가? 당신도 그런 따뜻한 존재가 되어보는 것은 어떤가? '난 이 사람 이름을 외우겠어. 지금은 그게 제일 중요한 프로젝트야'라고 생각하며 의지를 보여라. 의지가 있으면 그만큼 기억할 가능성도 높아진다.

### 2단계 **얼굴에 주목하기**

어깨 너머로 흘깃 쳐다보거나 지나가는 뒷모습에 대고 고개를 끄덕

이는 것은 소용없다. 상대와 눈을 맞춰야 한다. 상대의 얼굴을 똑바로 보지 않는다면 그 얼굴과 이름은 절대로 연결되지 못한다. 얼굴을 쳐다보면 주변의 다른 것들은 시야에서 사라지게 된다. 그리고 당연히 그 얼굴에 집중하게 될 것이다. 이렇게 집중하기 위한 좋은 방법이 악수이다. 악수를 하려면 몸을 앞으로 굽혀야 하고 상대방을 똑바로 바라봐야 한다. 사람이 많고 소란스러운 곳에서 악수의 집중 효과는 한층 더 크다.

### 3단계 **수없이 반복하기**

상대가 자기 이름을 말하면 큰 소리로 따라 하라. 이는 여러 면에서 도움이 된다. 우선 이름을 제대로 알아들었는지 확인할 수 있다. 또 상대의 얼굴을 보면서 이름을 듣고 그것을 말하고 내 말소리로 다시 듣는 과정을 통해 감각을 자극하며, 기억력을 향상시킬 수 있다. 이름을 받아쓰기까지 한다면 한층 더 도움이 될 것이다.

처음 만난 사람과 인사를 나누었다면 그 얼굴이 눈에 들어올 때마다 속으로 이름을 되뇌어라. 모임이 진행되는 동안 방안을 둘러보면서 인사를 나눴던 사람들을 살피고 이름을 떠올려보라. 이런 식의 반복적 정보 입력과 떠올리기 과정을 거친다면 다음에 만났을 때 바로 상대의 이름을 불러줄 수 있다.

# 27 ── 마음 놓고 잊어버려도 되는 것들

**우리 지적 능력을 제대로 사용하려면**

**기억하는 것 못지않게 잊어버리는 것도 중요하다.**

윌리엄 제임스William James, 심리학자

"전 늘 정보 과잉 상태예요. 무엇을 기억해야 하고 무엇을 잊어버려도 될지 구분하는 방법이 없을까요?" 한 여성이 내게 던진 질문이다. 사실 우리 대다수가 이런 상황에 처해 있다. 신문, 각종 인쇄물, 이메일, 팩스, 편지, 사용 설명서, 웹사이트 등에 꼼짝달싹 못하게 포위되어 있기 때문이다. 이 모든 것을 기억하기란 사실상 불가능하다. 이제부터는 다음과 같은 질문들을 통해 무엇에 초점을 맞추고 무엇은 마음 놓고 잊어버려도 될지 결정해보자.

1  "이걸 기억하지 못하면 어떤 일이 벌어질까?"

   → 별일 없다고 판단되면 잊어버려라.

2  "이 정보가 얼마나 가까운 시간 내에 필요할까?"

   → 며칠 안에 필요하다고 판단되면 주의를 기울여야 한다.

3  "이걸 기억하느냐 마느냐가 다른 일을 좌우하는가?"

→ 뭔가 중대한 일을 이루는 데 그 정보가 필요하다면 정신 차리고 기억해야 한다. 아니라면 잊어버려라.

4  "이 정보가 필요할 때 쉽게 다시 찾아낼 수 있는가?"

→ 만약 그렇다면 찾을 수 있는 장소를 메모한 후 다른 데로 관심을 돌려도 좋다. 다른 곳에서도 얼마든지 찾을 수 있는 지식이나 정보로 마음을 채울 필요는 없다.

**"이 참담한 순간을 나는 절대로, 절대로, 잊지 않을 것이다!"
왕이 말하자 왕비가 대답했다.
"기록으로 남겨두지 않는다면 잊으실 것이옵니다."**

루이스 캐롤Lewis Carrol, 《거울나라의 앨리스》 중에서

언젠가 내셔널 지오그래픽의 사진기자를 만나 아름다운 해변을 산책한 적이 있다. 그때 나는 아름다운 해변 못지않게 인상적인 장면을 보았다. 그 사진기자는 2분에 한 번씩 멈춰서 작은 공책에 무언가 휘갈겨 쓰고는 다시 발걸음을 옮기곤 했던 것이다. 뭘 그렇게 쓰느냐고 물었더니 "영감이 떠올랐을 때 기록하지 않으면 잊어버리고 말거든요"라는 대답이 돌아왔다.

옳은 태도이다. 영감이 찾아오는 시간은 정해져 있지 않다. 멋진 표현, 기발한 생각, 완벽한 구상이 떠올랐을 때 그 행운을 붙잡으려면 당장 시간을 내어 기록해두어야 한다. 당신도 모든 것이 생생할 때 기록하는 습관을 들이길 바란다.

할 일 목록에 적어두는 것도 방법이다. 그렇게 적어두고 일단 잊어버렸다가 그 일을 처리할 시점에 목록을 다시 살펴보면 된다. 종이에 적어두라는 내 조언이 너무 시대에 뒤떨어져 보일지도 모르겠다. 온갖 전자기기가 사용되는 시대이니 말이다. 도구야 뭐라도 상관없으니 당신에게 맞는 것을 선택하라!

배우 알리시아 브랜트는 이렇게 말했다. "저한테는 이메일, 휴대전화, 팩스, 자동응답기가 다 있답니다. 전화 연락처는 집 전화, 사무실 전화, 휴대전화까지 세 개나 되고요. 그러니 제게 연락이 안 되는 경우는 단 하나, 제가 당신과 연락하기 싫을 때뿐이지요." 이 말을 조금 바꿔보면 우리가 잊어버리는 이유는 단 하나, 애초에 기억하고 싶지 않을 때뿐이다.

**Action Plan**

# 기억력 향상법

내가 늘 잊어버리는 건 세 가지이다. 이름, 얼굴, 그리고…… 세 번째는 기억나지 않는다.
_머그잔의 글귀

기억은 자동적이지 않다. 아름다운 기억을 지니려면 사전에 준비를 해야 한다. 당신만의 준비 방법을 계획하라.

## 😵 혼란 상태

**아무것도 기억하지 않기**
"모두의 이름을 기억할 수는 없어. 사람이 쉰 명이나 되잖아."

**기억하지 못해 당황하기**
"5분 전에 인사를 나눈 사람인데 이름이 기억 안 나네. 피해 다녀야겠다."

**잊어버리고 화내기**
"기껏 상점에 다녀왔는데 잊어버리고 안 산 것이 이렇게 많다니! 아내가 화를 많이 내겠어."

**핑계 찾기**
"저 사람이 소개할 때 이름을 너무 빨리 말해 제대로 듣지 못했어. 그러니까 기억 못하는 게 내 탓은 아니야."

## 🧘 집중 수행 상태

**기억하고 싶은 것을 반복하기**
"저 사람은 질이고, 저 사람은 로먼이고, 저 둘은 마사와 스튜어트야. 그리고 저쪽은…… 아, 바버라라고 했지!"

**감정적 단서를 연결해 기억하기**
"저 사람은 작은 삼촌이랑 좀 비슷하게 생겼어. 그렇게 기억해야겠다."

**잊어버리지 않도록 약어 사용하기**
"'마사유'를 기억하자. 이 세 가지는 잊지 않고 사야 해."

**여러 감각을 동원해 기억하기**
"이름이 델리아라고요? 철자가 어떻게 되지요? 델리아라고 발음하는 것이 맞나요?"

# conZentrate

어쩌면 당신도 자신을 온전히 잊고 하는 일과 하나가 되는 초월적 상태를 경험해 본 적이 있을지도 모르겠다. 가령 즉흥연주에서 완벽한 조화를 이뤄내는 음악가들의 모습은 자기 인식을 벗어난 상태를 잘 보여준다. 그 상태에 이르면 사람들은 복합적인 감정을 느끼게 된다. 감사, 경탄, 환희, 그만두고 싶지 않은 마음 등등…….자기 자신보다 더 큰 무엇에 합쳐지는 순간 삶은 그야말로 충만해진다.

onZentrate

TRACK
5

# 집중력,
# 나의 하루를 바꾸다

나는 그것을 몽상이라 부르고 싶다. 꿈꾸는 상태가 아니라 완전히 몰두한 상태,
위대한 음악가가 훌륭한 연주를 하면서 도달하는 상태 말이다.
음악가는 자기가 어디서 무엇을 하는지 알지만 그의 마음은 온전히 연주에 있다.
이는 기계적인 것만도, 영적인 것만도 아니다. 이것은 기계적이면서 영적이며
머나먼 다른 차원에 존재하는 것이라고도 할 수 있다.

_아놀드 파머Arnold Palmer, **골프 선수**

# 28 ── 모든 것이 술술 풀려나가는 순간

그 순간 나는 경기를 중단하고 이렇게 외치고 싶었다.
"바로 이거야. 이게 전부라고!" 실제로 그러했다.
경기가 끝나고 내가 어떤 상을 받을 것인지는 아무 관심이 없었다.
온전히 순수한 그 순간, 완벽한 그 감정을 경험하는 것이 전부였다.

빌리 진 킹Billie Jean King, 테니스 선수

당신도 이렇게 멋진 몰입을 경험한 적이 있는가? 운동선수라면 모든 것이 술술 풀려나가는 기가 막힌 순간을 마주한 적이 있을지도 모르겠다. 취미로 하는 일에 시간 가는 줄 모르고 매달려본 사람도 있을 수 있다. 가령 음악에 맞춰 춤추는 동안 주변에 누가 있는지조차 알아차리지 못하면서 말이다.

몰입은 유도될 수 있다. 강제로 만들지는 못해도 그 가능성을 높이는 몇 가지 전략은 있다. 당신이 스포츠나 예술(연기, 춤, 노래, 연설), 다양한 창의적 활동(그림, 글쓰기, 조각) 등에 관심이 있다면 다음 내용이 유용할 것이다.

우선 몰입이 무엇인지부터 살펴보자. 이는 하고 있는 일에 푹 빠져들어 하는 일과 하나가 되고, 결국 무엇을 하는지조차 잊어버리는 마음

상태이다.

**이 느낌이 오면 그저 감사하면 된다.**
**자기 자신을 벗어난 것 같은 느낌, 리듬을 타는 느낌이다.**
**거스를 수 없는 커다란 힘이다.**

마이클 조던Michael Jordan, 농구 선수

몇 년 전 마이클 조던에 대한 기사에서 본 글귀이다. 그 기사에서 나는 이전까지 미처 몰랐던 '동조entrainment'라는 새로운 개념을 배웠다. 오래된 벽시계 두 개를 나란히 걸어두면 진자의 움직임이 똑같이 맞춰지는 현상을 통해 스위스 물리학자가 처음 발견한 개념이다. 그 물리학자는 자연계의 다른 힘들도 연구하여 우리에게는 몸과 마음, 정신이 합일되어 움직이려는 본능적 욕구가 있다는 결론을 내렸다.

어쩌면 당신도 자신을 온전히 잊고 하는 일과 하나가 되는 초월적 상태를 경험해본 적이 있을지도 모르겠다. 가령 즉흥연주에서 완벽한 조화를 이뤄내는 음악가들의 모습은 자기 인식을 벗어난 상태를 잘 보여준다. 그 상태에 이르면 사람들은 복합적인 감정을 느끼게 된다. 감사, 경탄, 환희, 그만두고 싶지 않은 마음 등등……. 자기 자신보다 더 큰 무엇에 합쳐지는 순간 삶은 그야말로 충만해진다.

그 영감의 순간에 만약 그림을 그리고 있었다면 붓은 저절로 자기 의지에 따라 움직이는 듯 느껴질 것이다. 그리기가 끝나 한 걸음 물러서 바라보면 이전의 어느 작품보다도 멋진 그림이 탄생해 있다. 그러면 그제야 자신이 그림 그리는 동안 다른 모든 것을 잊고 있었음을 깨닫게 된다.

**마음에서 모든 것을 지우고 공만 남겨두어라. 시선을 공에 고정하라. 공과 하나가 되어라. 상대 선수에도, 날씨에도, 다른 무엇에도 신경 쓰지 마라. 오로지 공에만 집중하는 것이다. 이런 상태가 되면 압박감이 밀고 들어올 틈이 없다. 그저 나와 공 둘뿐이다.**

로드 레이버Rod Laver, 테니스 그랜드 슬램 선수

나 역시도 무언가와 하나가 되는 경험을 해본 적이 있다. 혼자서 골프클럽에 갔던 날 아침이었다. 나는 전날 오랫동안 마음의 짐이었던 커다란 행사를 성공적으로 주관한 후 저녁 비행기를 타기까지 남은 시간을 골프장에서 보내기로 마음먹었다. 직원은 "조금 전에 두 분이 출발했습니다. 서두르시면 따라잡아 함께 치실 수 있을 겁니다"라고 말해주었다. 나는 첫 타를 날렸다. 앞에도 뒤에도 사람이 없었다. 굳이 앞 팀을 따라잡을 이유가 없다는 생각이 들었다.

그리고 전체를 온전히 홀로 즐겼다. 그야말로 아놀드 파머가 말했던 '몽상'의 상태였다. 한 타 한 타가 최고였다. 나는 잔디밭과 공, 골프채와 함께 고요한 세계에 잠겼다. 옆에 펼쳐진 바다의 파도 소리도, 나무에서 우는 새들도 몰입 상태를 깨뜨리지 못했다.

마지막 아홉 번째 홀이 절정이었다. 거대한 바위가 그린을 완전히 가려버린 파3홀이었다. 공을 높이 쳐올려 바위를 넘겨야 했다. 나는 미소를 짓고 마음껏 치기로 결정했다. 먼저 공이 높이 날아올라 그린 한가

운데 떨어지는 상상을 해보았다. 그리고 가볍게 골프채를 휘둘러 쳤다. 공이 어디 떨어졌는지 알 수 없었는데 카트를 타고 가보니 홀에서 50센티미터 거리에 얌전히 놓여 있었다.

퍼트를 꺼내 홀로 살짝 집어넣었다. 내 평생 최초의, 그리고 어쩌면 유일할지 모르는 버디였다. 나는 두 팔을 번쩍 치켜들고 주변을 둘러보았다. 아무도 없었다. 그래도 상관없었다. 그 버디는 골프 코스와 내가 주고받은 선물이었으므로……

## Action Plan

# 무언가와 하나가 되는 몰입 기술

영감은 고도의 의식일 수도 있고 무의식일 수도 있다. 다만 확실한 것은 이것이 자의식과는 반대된다는 점이다. _아론 코플런드Aron Copland, 작곡가

몰입의 상태 또한 자의식과 반대된다. 당신은 언제 주변의 모든 것을 잊고 무언가에 사로잡혀보았는가? 하고 있는 일에 푹 빠져들어 그것과 하나가 되고 결국 무엇을 하는지조차 잊어버리는 마음 상태는 억지로 만들 수 없지만 가능성을 높일 수는 있다. 그 방법을 찾아보자.

### 🕹 혼란 상태

**머릿속 여러 가지 생각에 사로잡히기**
"모두가 날 주시하고 있어. 이번 타자를 잡아야만 하는데. 안 그러면 우리 팀이 지고 말 거야."

**주변을 인식하기**
"대학팀 코치들이 관중석에 앉아 있군. 실수라도 하면 대학 진학은 물거품이 되겠어."

**현실 인식**
"이번 시즌 마지막 시합이야. 내 성적을 올릴 마지막 기회라고!"

**불완전한 경험**
"내가 원하던 공이 아니야. 엉망으로 흘러가는군. 감독님은 날 교체해버릴 것 같은데."

### 🕹 집중 수행 상태

**불필요한 생각을 벗어던지기**
"나와 포수만 생각하자. 글러브에 집중해, 글러브에 집중하라고."

**주변을 인식 못하기**
"공이 빠르게 날아오는군. 좋아, 안쪽 코너로 들어갔단 말이지……."

**몽상 상태**
"멋진 시합이야. 공 하나하나가 원하는 대로 날아가고 있어."

**최고의 경험**
"오늘은 나의 날이야. 모든 것이 문제없이 진행되고 있어. 뭐든 할 수 있을 것 같은 느낌이야."

# 29 ── 먼저 원하는 결과를 그려보라

**경기는 연습한 대로 풀린다.**

글렌 팝 워너Glenn Warner, 대학 미식축구 코치

대충 연습하면 실제 경기에서도 대충 하게 된다. 우리 두 아들의 축구 코치는 "연습 때 느릿느릿 움직이다가 실전에서 마법처럼 몸이 빨라질 수는 없다"라고 말하면서 연습이 고되다고 불평하는 선수들을 독려한다. 맞는 말이다.

연습은 실전을 위한 준비가 아니라 그 자체로 실전이다. 연습이 중요하지 않다고 생각하는 사람은 그 잠재성을 알아채지 못하는 것이다. 완벽하게 집중한 상태에서 연습에 임해야 실제 경기 때 120% 적용할 수 있는 집중 수행이 이루어진다. 집중 수행을 위한 다음 과정을 거쳐 당신도 최고의 연습을 경험해보라.

## 마음속 그림을 그려보지 않고는 영혼이 사고하도록 만들 수 없다.

아리스토텔레스Aristotle, 철학자

우리 몸도 그림을 그려보지 않고는 제대로 움직여주지 않는다. 그럼에도 아무런 마음의 준비 없이 몸부터 움직이기 시작해 왜 제대로 안 되냐고 의아해하는 사람들이 적지 않다. 이제부터는 움직이기 전에 원하는 결과가 무엇인지 마음속으로 정확하게 그려보길 권한다.

어쩌면 당신은 이미 시각화라는 개념을 듣고 또 실천에 옮기고 있을지 모르겠다. 건설적인 시각화는 곧바로 집중 수행으로 이어지게 해준다. 시각적으로 그려볼 때 우리는 다른 것을 무시하고 선택한 대상에만 집중하는 훈련을 하게 된다. 대상에 모든 관심을 집중함으로써 T.I.M.E.를 가장 잘 활용할 수 있게 되는 것이다.

바라는 결과를 미리 그려보는 것은 그대로 확신으로 이어진다. 왜냐고? 확신, 즉 '할 수 있다'는 느낌은 최근의 반복적인 성공 경험이 가져오는 결과물이다. 생각해보라. 무언가를 잘 해내고 그런 일이 최근까지 자주 반복되었다면 우리는 확신을 갖고 그 일을 시작할 것이다. 이전 경험을 바탕으로 익숙해졌으므로 이번에도 잘될 것이라 믿게 된다.

반면 새로운 상황에서는 불안과 두려움을 느낀다. 익숙하지 않은 일 앞에서 신체는 아드레날린을 분비한다. 맞서 싸우든지 도망치든지 양자택일해야 하는 본능이 고개를 든다. 낯설고 불편하다는 인식 때문에 해야 할 일에 온전히 집중할 수 없다. 홈경기보다 원정 경기가 불리하고 더 어려운 것도 바로 이 때문이다.

시각화는 그 불리함을 극복하는 유용한 방법이 된다. 마음속으로 수 차례 그려봄으로써 상황에 익숙해지고 홈경기처럼 편안하게 원정 경기를 치를 수 있게 되는 것이다. 물리적으로 직접 그 자리에 가보면 더욱 좋겠지만 소리, 광경, 느낌 등 세세한 부분까지 생생하게 떠올려보는 것으로도 장소와 상황을 내 것으로 만들 수 있다.

반 고흐는 "나는 그림에 대해 꿈을 꾸고 그 꿈을 그린다"라고 하였다. 특히 예술가들에게 참고가 될 만한 이야기이다. 먼저 머릿속으로 그림을 그리거나 공연을 해보라. 그리고 그 마음속 모습을 현실화하라.

**큰 경기를 앞두었을 때 내 생각은 지극히 단순하다.**
**나는 스스로에게 이렇게 말할 뿐이다.**
**"대기실에서 나와 편안하게 달리면 된다.**
**페이스에 맞춰 달리면 이길 것이다. 에너지를 집중하자."**

칼 루이스Carl Lewis, 육상선수

어떤가. 칼 루이스가 경기 시작부터 끝까지를 마음속으로 끊임없이 예행연습하고 있는 것이 보이는가?

체계적인 마음속 예행연습은 바라던 대로 상황이 풀릴 가능성을 높여준다. 단, 한 번에 한 단계씩 해야 한다. 너무 앞서가지 말라는 뜻이다. 토너먼트 초반부터 우승 가능성을 묻는 기자의 질문에 현명한 선수들은 당장 치를 경기에 대해서만 이야기한다. 16강도 끝나지 않았는데 결승전에 대해 생각하거나 말하는 것은 T.I.M.E.를 낭비하는 행동에 불과하기 때문이다.

살면서 뭐 하나 제대로 풀리지 않았던 날이 있었을 것이다. 이를테면 저녁 파티를 준비하는데 프라이팬이 떨어지고 재료가 엎어지면서 그 와중에 오븐 켜는 것도 깜빡 잊어버리는 식으로 말이다. 장 본 것들을 차 트렁크에 놓고 왔다든지, 얼마 전에 구입한 술잔에 얼룩이 있을 수도 있다. 이런 경우의 문제는 사전에 준비해둔 머릿속 청사진이 없다는 것이다.

제대로 프로그래밍을 해놓지 않고 두뇌라는 컴퓨터가 알아서 움직이리라 기대하는 것은 무리다. 이제부터는 무언가를 시작하기 전에 마음속으로 단계별 전략을 수립하는 시간을 확보하자. 무엇을 어떤 순서로 해야 할지 적고 그 다음에 행동을 시작하는 것이다. 꼼꼼히 적어둔 목록을 따라가면 잊어버리거나 빠뜨린 것은 없는지 불안해하지 않아도 된다.

당신이 만약 지역별 춤 경연대회에 선수로 참가했다고 하자. 당신은 다른 출전 선수들의 공연을 보면서 자신감을 잃고 불안한 마음으로 순서를 기다릴 수도 있고, 마음속으로 자기 동작과 동선을 예행 연습할 수도 있다. 무엇이 더 도움이 되겠는가? 두말할 필요도 없지 않은가?

# 30 —— 왜 만일의 사태에 대비해야 할까?

**준비한 사람에게는 미래도 과거나 다름없다.**

피에르 다크Pierre Dac, 유머 작가

최악의 상황에 대비하라. 그러면 정말 그런 일이 벌어지더라도 당황하거나 공포심에 빠지지 않고 계획한 대로 처리할 수 있다. 어떤 질문에 어떻게 답할지 미리 예상하지 않은 상태로 기자회견장에 걸어 들어가는 정치인은 없다. 무방비 상태로 당하면서 평정심을 잃어버리는 위험 부담을 지지 않는 것이다. 우리도 그렇게 해야 한다. 무엇이 어떻게 나쁘게 풀릴 수 있을지 미리 예상하라. 어쩌면 프레젠테이션을 하던 중에 머릿속이 하얗게 비어버릴지도 모른다. 그럴 경우 어떻게 해야 침착함을 잃지 않을 수 있을까?

"지금까지 했던 얘기와 반대되는 소리 아닌가요? 최악의 상황을 상상한다는 건 그 상황이 실제로 벌어질 가능성을 높이지 않나요?" 이렇게 말하고 싶은 독자가 있을지 모르겠다. 무엇이 나쁘게 풀릴지에 대해서만 골똘히 생각한다면 당연히 그럴 수 있다. 그러나 내가 지금 말하는 것은 만일의 사태에 어떻게 지혜롭게 대처할지에 대한 계획이다. 갑자기 말이 막히고 생각이 나지 않을 때 청중들에게 가볍게 눈을 찡긋해

보이며 "조금 전의 침묵은 저와 제 마음의 대화 시간이었습니다"라고 하면서 위기를 넘기겠다고, 그리하여 집중 수행 상태를 유지하겠다고 작정하라는 것이다. 자, 위급 상황에서도 침착하게 대처할 수 있으려면 어떤 대안을 준비해야 할까?

피아노 강사인 내 동생은 학생들에게 혹시 다른 음의 건반을 누르는 실수를 저지르더라도 아무 일 없었다는 듯 태연한 표정을 짓도록 가르친다. 실수한 것에 화들짝 놀라거나 당황하지 않도록 훈련시키는 것이다. 그래서 연주 발표회에 가보면 학생들 모두가 편안한 모습이다. 당신도 그렇게 해야 한다. 일어나지 않았으면 하는 일이 실제로 일어나고 말았을 때 어떻게 대처할지 미리 정해두어야 한다.

## 관중석을 신경 쓰기 시작하면 머지않아 관중석에 앉게 된다.

토미 라소다Tommy Lasorda, 야구감독

라소다 감독의 말이 옳다. 다른 걱정거리는 다 떨쳐버려야 눈앞의 일에 완벽하게 집중할 수 있다. 마음 한구석에서 다른 문제를 걱정하며 계속 신경 쓰고 있다면 집중력이 흐트러진다.

문제와 격리시키려면 언제 그에 대해 생각할지 미리 정해두는 방법도 있다. 예를 들어 "면접에 대해서는 이 일이 끝나고 집에 돌아가면서 생각하도록 하자. 지금은 이 일에 집중하는 거야"라고 생각하는 것이다.

걱정거리에 대해 생각하면 안 된다고 스스로에게 명령을 내리지는 마라. 그저 눈앞의 일을 집중해서 끝낸 후 생각할 수 있을 것이라고 말하는 것으로 족하다. 그리고 눈앞의 일과 관련된 세부 요소들로 마음을 가득 채워라. 골프 선수 할 서튼Hal Sutton은 풀잎 하나하나에 집중하면서 수많은 갤러리들이 지켜보는 가운데 경기해야 하는 압박감을 이겨낸다고 한다. 당신의 일에서 풀잎에 해당하는 세부 요소는 무엇인가?

# 31 ── '전환 시간'은 꼭 필요하다

**내 안에서 고요한 무의식 상태를 느낄 때면**
**반드시 이길 거라는 생각이 든다.**

제인 블래럭Jane Blalock, 골프 선수

이렇게 고요한 무의식 상태를 느끼기 위해 제인 블래럭은 시합에 앞서 라커룸에서 몇 분 동안 혼자만의 시간을 갖는다고 한다.

"좋은 첫인상을 남기기 위한 두 번째 기회는 없다"라는 말을 들어보았는가? 완벽히 집중된 상태로 일을 시작하기 위한 두 번째 기회 역시 없다. 그러니 처음부터 제대로 시작해야 한다. 엉겁결에, 혹은 다른 생각에 사로잡힌 채 시작한다면 성과를 내기 어렵다.

중요한 일을 앞두고 있다면 아무도 없는 곳에 5분 정도 앉아 무엇을 어떻게 하면 될지 단계별로 그려보며 마음을 전환시키도록 하라. 그리고 첫 동작을 어떻게 할지 마음의 준비를 하라. 물리적으로 혼자 있을 상황이 못 된다면 정신적으로 자기를 고립시키는 것도 방법이다. 이는 에너지를 충전하는 과정이 되기도 한다.

그 장소에 조금 일찍 도착하는 것도 중요하다. 허겁지겁 도착한다면 집중 수행을 위한 차분한 상태에 도달하기 어려워진다. 퀴즈대회에서 당연히 우승할 것이라 예상되는 우수한 학생이라도 운전하던 어머니가 길을 잃는 바람에 대회 직전에 도착했다면, 그리하여 전환 시간 없이 대회에 나가게 되었다면, 십중팔구 어처구니없는 실수를 저지르며 초반에 탈락하고 말 것이다.

**나는 좋은 실수가 아니라 나쁜 실수를 저질렀다.**

요기 베라Yogi Berra, 야구감독

세 시간 동안 어영부영 연습하는 것보다 한 시간 동안 집중해서 연습하는 편이 훨씬 낫다는 것을 아는 사람은 다 안다. 집중한 상태에서 연습을 할 때에는 자세나 동작이 잘못되었을 경우 즉시 고치게 된다. 그런데 이 점이 왜 그렇게 중요할까?

새로운 것을 배울 때 우리는 새로운 신경 회로와 신체 반응을 훈련한다. 그러다가 점차 매번 똑같은 신경 회로와 신체 반응이 사용되면 안정화 단계에 접어들면서 무엇이 제대로인지 구분할 수 있게 된다. 그렇기 때문에 만약 원하는 대로 동작이 나오지 않는다면 중단해야 한다. 무엇이 잘못되었는지 살피고 다른 방식을 시도해야 한다. 몸의 각도, 동작 등을 살펴야 한다. 무신경하게 계속 동작을 하면 진전이 없을 뿐 아니라 몸에 나쁜 버릇을 들이게 되기 때문이다.

나쁜 실수란 거기서 교훈을 얻지 못하는 실수이다. 그에 반해 매번 연습할 때마다 잘못된 부분을 교정해나간다면 진전이 없을 수가 없다.

**연습 시간을 기다리면서 나는 내가 농구를 좋아한다는 걸 처음 깨달았다. 내게는 연습도 시합만큼이나 즐거웠다.**

마이클 조던Michael Jordan, 농구 선수


정말 이상적인 상황이 아닌가! 농구 황제 마이클 조던은 연습을 즐기고 집중하는 것이 성공의 비결임을 보여준다. 또 다른 농구선수 카림 압둘-자바Karim Abdul-Jabbar는 "몸뿐 아니라 마음으로 경기한다는 걸 잊지 마라"라고 하였다. 집중 수행은 우리 마음을 이성 차원에서 끌어내려 경험으로 인도한다. 머리, 즉 이성 차원에서 벗어나면 마음으로 경기하게 된다. 압박하는 대신 즐길 수 있게 되는 것이다. 건강하게 활동하면서 좋아하는 운동을 할 수 있다는 행복감으로 마음을 채운다면 몰입으로 들어가는 것은 시간문제이다.

코미디언 릴리 톰린Lily Tomlin은 "어째서 조금 덜 열심히 하라고 말하는 사람은 없는 거죠?"라고 불평했지만, 어느 정도 일리가 있는 말이다. 더 열심히 하려면 과도한 노력이 들어가야 한다. 긴장되고 압박받은 상태이다. 몰입이라는 이완 상태와는 정반대라고 할 수 있다.

이제 머리에서 벗어나 감각의 눈을 떠라. 근처의 소나무, 얼굴을 간질이는 바람, 깨끗한 공기를 느끼며 경험에 몸을 맡겨보라.

## 집중 수행을 위한 7단계 연습

몰입 상태가 되면 모든 것이 순수하고 선명하다. 그리고 내가 하는 일에 완벽하게 빠져들 수 있다. 하지만 시합에 나가 첫 타를 날리면서 "오늘은 집중해야 해"라고 말하는 것은 소용이 없다. 몰입 상태는 저절로 왔다가 가기 때문이다. _토니 재클린Tony Jacklin, 골프 선수

토니 재클린의 글을 읽은 후 "그럼 어떻게 하란 말이지?"라는 생각이 드는가? 다음 7단계를 거쳐 집중 수행 상태에 도달해보라. 다른 누구도 날 방해하지 못하는 상태로 말이다. 당신이 집중하여 준비해야 할 일은 무엇인가? 시간이 얼마나 남아 있는가? 귀중한 T.I.M.E.를 불안해하면서 보낼 것인가, 아니면 예행연습을 하며 보낼 것인가?

테니스 챔피언이었던 이반 렌들은 "최고로 연습하지 못하면 평균치의 경기도 펼치지 못한다"고 했다. 불쑥 떠오르는 생각에 마음을 맡기지 말고 원하는 당신의 모습을 그려보라. 그리고 구체적으로 예행연습하라.

### 혼란 상태

**원치 않는 상황을 그려보기**
"이 시험을 위해 그토록 오래 공부했는데 혹시 불합격하면 어쩌지? 지난 몇 년이 아무 소용없는 시간낭비가 되어버리잖아?"

**어영부영하며 예행연습하기**
"기억해야 할 것이 너무 많아. 누구든 이걸 다 기억하지는 못하겠지."

**최악의 상황을 두려워하기**
"이 부분에 대한 문제는 안 나오면 좋겠어. 제일 자신 없는 부분이야."

**다른 걱정거리에 매달리기**
"주차하면서 제대로 차문을 잠갔는지 걱정이 되는군."

**무작정 시작하기**
"공부할 기분은 아니지만 하는 데까지 해보지, 뭐."

### 집중 수행 상태

**원하는 상황을 그려보기 (1단계)**
"침착하고 냉정하게 시험을 치를 거야. 그럼 공부했던 내용도 다 생각나겠지."

**체계적으로 예행연습하기 (2단계)**
"이 복잡한 문제 유형부터 익숙해져야겠군."

**최악의 상황에 대비하기 (3단계)**
"이 부분을 좀 더 공부해야겠어. 그럼 준비가 더 완벽해질 거야."

**다른 걱정거리를 차단하기 (4단계)**
"지금은 이 시험공부에 모든 신경을 집중하겠어."

**전환 시간을 갖기 (5단계)**
"잠시 조용한 시간을 가진 후 내가 준비한 것을 100% 발휘하고 싶어."

**실수를 반복하기**
"앗, 연필로 작성하려 했는데. 이젠 어떻게 해볼 도리가 없어."

**압박감에 시달리기**
"시험에 떨어지면 부모님이 무척 화내실 거야. 어젯밤에 일찍 잠자리에 들었어야 했는데. 어쩌지?"

**실수를 즉각 수정하기 (6단계)**
"시작하기 전에 주의사항을 읽어야지. 아, 연필로 작성하라고 되어 있구나."

**상황을 즐기기 (7단계)**
"아, 내가 공부한 부분이 나왔네. 이건 쉽게 풀 수 있겠어."

# 32 ── 잘하는 사람을 관찰하고 따라 하는 것의 좋은 점

**경쟁에 능한 자는 승리할 방법을 찾는다.**
**포기에 능한 자는 실수를 저지르면 그것을 포기할 구실로 삼는다.**
**승리하는 사람은 실수를 다시 분발할 기회로 여긴다.**

낸시 로페즈Nancy Lopez, 골프 선수


낸시 로페즈는 승자의 모범답안이다. 어느 스포츠든 상위 열 명에 든 선수들은 기량 차이가 크지 않다. 결국 승패를 결정하는 것은 그날의 정신력이다. 다시 말해 상황이 제대로 풀리지 않을 때에도 자신감을 유지하는 사람, 압박을 받으면서도 제대로 경기할 수 있는 사람이 승리하게 된다.

오늘날 많은 사람들이 스포츠 칼럼니스트 그랜트랜드 라이스Grantland Rice의 말을 인용하곤 한다. "이겼는지 졌는지는 중요하지 않다. 어떻게 경기했는지가 중요하다." 스포츠를 좋아하는 두 아들을 키우면서 나도 이 말을 속으로 수백 번 되뇌곤 했다. 특히 간발의 차로 아들의 팀이 패배했을 때 더욱 그러했다. 기본적으로는 나도 라이스의 말에 동의한다. 상대를 누르고 꼭 승자가 되어야 하는 것은 아니다. 경기 결과와 상관없이 재능과 노력을 최대한 쏟아 넣었다면 그는 분명 승자라고 믿어

의심치 않는다.

하지만 최선을 다해 최고의 경기를 펼쳐 결국 승리를 거머쥐었다면 그 만족감은 그 무엇과도 비교할 수 없다는 것 또한 인정한다. 엎치락 뒤치락 하며 점수 경쟁이 이어지던 끝에 마침내 아들의 농구팀이 승리 했을 때 아들 얼굴에 피어오르던 미소를 나는 잊을 수 없다. 그때 우리 는 마치 국제대회라도 우승한 양 신이 났었다.

어떻게 해서든 이겨야 한다는 입장은 아니지만 야구 감독 레오 듀로 셔가 남긴 말에도 일리는 있다. "어떻게 경기했는지가 중요하다는 건 대학부 아마추어 팀에나 해당되는 얘기다. 돈을 걸고 운동하는 입장에 서는 승리만이 의미가 있다. 프로 스포츠에서 훌륭한 패자가 있는가? 있다면 내게 보여달라."

우리 대부분은 프로 스포츠 선수가 아니고, 따라서 승리가 전부는 아니다. 무언가에 참여하여 기여하고 또 발전하는 것만으로도 가치는 충분하다. 그것은 또한 영광스러운 일이다. 결국 우리 목표는 이기려는 마음과 제대로 경기하려는 마음 사이의 균형을 찾는 데 있다고 할 수 있 다. 어느 하나를 위해 다른 것을 희생시킬 필요는 없다.


**스포츠를 익히는 데 가장 빠르고 좋은 방법은 챔피언을 관찰하고 모방하는 것이다.**

장 클로드 킬리Jean Claude Killy, 스키 선수


우리가 새로운 기술을 익히는 방법은 두 가지다. 필요한 동작이나 자

세를 단계별로 쪼개어 반복적으로 연습하여 익숙하게 해내는 것이 하나고, 전문가를 관찰하며 따라하는 것이 다른 하나다. 가령 스키를 배운다고 하면 무릎은 어떻게 해야 하는지 체중 분산은 어떻게 해야 하는지 단계별로 접근할 수도 있고, 잘 타는 사람을 보며 그 동작을 흉내 낼수도 있다.

골프를 처음 시작했을 때 나는 초보 수준을 훨씬 넘어선다는 칭찬을 자주 들었다. 비결은 골프장이 딸린 리조트에서 일했던 경험이었다. 점심시간에 짬이 날 때마다 창가에 앉아 선수들이 공을 치거나 레슨을 받는 모습을 지켜보았던 것이다. 그리하여 난생처음 골프채를 손에 잡았을 때 나는 자주 보았던 대로 공 앞으로 걸어가 드라이브를 휘둘렀다.

잘하는 사람의 모습을 연구하고 따라하면서 우리는 급속한 진보를 이룰 수 있다. 마음속에 누군가의 완벽한 동작을 영상으로 기억하면 따라 하기가 훨씬 쉽다. 탁월한 선수들의 비디오 영상이나 사진을 충분히 활용하라. 그러면 본래의 자기를 뛰어넘어 마치 스스로 그 선수가 된 양 해낼 수 있을 것이다.

탁월한 선수들은 또한 좋은 역할 모델이 되기도 한다. 언젠가 우리 지역의 여자 테니스 선수들이 워크숍에 참석해 도움을 요청한 적이 있었다. 그들은 실력은 좋은데 결정적인 경기에서 늘 패한다고 했다. 이야기를 나눠보니 선수들은 '피도 눈물도 없는', 혹은 '승부에만 눈이 먼' 여자들로 여겨지기 싫어 위기의 순간에 실수를 저지르는 것이었다. 나는 테니스 코트에서는 냉혹한 승부사이지만 일상에서는 친절하기로 유명했던 크리스 에버트Chris Evert를 역할 모델로 삼으라고 조언해주었다. 이후 여자 테니스 팀의 성적은 크게 좋아졌다.

# 33 — 마음을 모으는 핵심어를 만들어라

**경기 중에 내 생각은 지극히 단순하다.**
**스키 바깥쪽으로 힘을 주고 손을 앞으로 할 것! 이게 전부다.**

토미 모어Tommy Moe, 올림픽 금메달리스트, 스키 선수

토미 모어는 월드컵 대회에서 한 번도 우승하지 못하다가 릴레함메르 동계올림픽에서 금메달을 따내 모두를 놀라게 했다. 경기 후 전략을 묻는 기자들의 질문에 그는 "기본 사항 두 가지에만 집중하면 빨리 내려갈 수 있다는 걸 알았습니다. 그래서 그것만 생각했지요"라고 대답했다.

훌륭한 선택이다. 그는 압박감을 느끼며 경쟁자들을 의식하는 대신 기본 사항 두 가지에만 초점을 맞추었고, 그 덕분에 바람처럼 빨리 활강을 해낼 수 있었다.

모든 스포츠, 그리고 모든 일에는 핵심 지점이 있다. 그 핵심 지점은 사람마다 다르다. 골프를 예로 들어보자. 누군가에게는 골프채를 곧게 뒤로 빼는 것이 핵심 지점이고, 다른 누군가에게는 하나, 둘, 셋의 리듬을 유지하는 것이 핵심 지점이다. 중요한 것은 그 핵심 지점에서 마음을 집중시킬 한마디를 정해두어야 한다는 것이다. 그렇지 않으면 온갖 잡

생각이 들어오기 때문이다.

파블로프의 개는 종이 울리면 침을 흘렸다. 우리도 우리 마음에 그런 조건반사를 걸어두자. 우선 파블로프의 종 역할을 할 핵심어를 만드는 것이 첫 단계이다. 다음으로는 반복적으로 연습해 핵심어의 명령에 즉각 따를 수 있도록 해야 한다.

의외로 많은 선수들이 핵심 명령어를 정해두지 않는다. 그리하여 반응하기까지 꽤한 시간을 허비한다. 테니스 시합에서 상대가 서브를 넣기 직전이라고 하자. '왼쪽으로는 넣지 않으면 좋겠는데. 그게 내 약점이거든. 아이고, 왼쪽으로 날아오네. 못 받을 것 같아⋯⋯.' 이렇게 생각을 무방비 상태로 방치해버린다. 반면 '뒤꿈치, 뒤꿈치'라는 핵심어에 집중하여 어느 방향으로 공이 날아오든 달려갈 수 있는 만반의 준비를 갖추는 선수도 있다. 서브를 받아치는 데 후자가 훨씬 유리하다는 것은 말할 필요도 없다.


**골프 선수 크레이그 스태들러**Craig Stadler**는
왜 새 퍼터를 들고 나왔느냐는 질문에
"옛날 퍼터는 제대로 공을 굴리지 못해서요"라고 대답했다.**


일이 제대로 풀리지 않을 때 당신은 어떻게 하는가? 냉정을 잃고 손에 들고 있던 것을 내동댕이치는가? 아니면 분노를 또 다른 촉진제로 삼아 집중 수행하는가?

이럴 때는 '다음번'이라는 말을 기억해야 한다. 이는 우리를 침착하

고 자신 있게, 또한 집중 수행이 가능하도록 만들어주는 중요한 말이다. 실수를 저질렀을 때는 두 가지 갈림길이 생긴다. 우리는 과거를 처벌하거나 미래를 준비하거나 둘 중 한 가지 길을 택할 수 있다.

그런데 그렇게 하지 말았어야 했다는 생각에 사로잡히는 순간 상황은 망가진다. 조금 전 일어난 일에 심리적으로 매달리게 되어 이후 제대로 해낼 방법을 찾지 못하는 것이다. 반면에 다음번에는 어떻게 제대로 해낼 것인지에 초점을 맞춘다면 그 실수가 또 다른 발판이 된다. 실수를 저지르긴 했어도 그것은 그저 실수로만 남지 않는다.

실수가 실패로 이어지도록 놔두지 말고 미래에 초점을 맞춰 문제점을 바로 수정하라. 버려야 할 행동이 아니라 원하는 행동을 마음에 그려야 한다. "앞으로는……하지 않겠어"라고 다짐하는 것은 의도와는 달리 그 행동을 고착화하여 또 다른 실수를 부른다. 그 대신 "다음번에는……해야지"라고 말하라.

# 34 —— 남과 비교하면 몰입은 깨진다

**전 제가 최고라고 생각합니다만 그렇게 말하지는 않겠습니다.**

제리 라이스Jerry Rice, 미식축구 선수

샌프란시스코 포티나이너스 팀에 소속되어 있던 제리 라이스는 자신이 전미 리그 최고의 선수라 여기느냐는 기자들의 질문을 자주 받았다. 그러면 그는 미소를 지으며 위와 같이 답하곤 했다.

최고가 되는 것은 근사한 일이다. 하지만 최고가 아니면 어떤가? 가망 없이 한참 뒤떨어진 실력이라 할지라도 나름의 최선을 다하는 모습은 늘 아름답다. 또한 우리는 적수의 기량을 통제할 수 없지만 자신의 기량은 통제할 수 있다. 이렇게 생각한다면 우리의 집중 수행은 승패 결과에 연연할 필요가 없다. 패배했다고 해서 집중 수행 상태가 사라지지도 않는다.

농구 선수 스콧 헤이스팅스Scott Hastings는 자기가 늘 마이클 조던과 함께 언론에 등장한다는 농담을 던져 눈길을 끈다. '헤이스팅스는 마이클 조던이 아니다'라는 문장이 자주 기사에 오른다는 것이다. 도무지 상대가 안 되는 뛰어난 적수를 만났을 때 우리는 그 적수에 압도될 수도 있고, 반대로 인정하고 감탄할 수도 있다. 적수의 기량에 찬사를 보내고 그를 배워 자신의 기량을 조금이라도 높이려 하는 태도는 충분히 보기 좋지 않은가.

결국 우리 자신이 배제될지 포용될지는 우리 마음에 달렸다. 상대에게 눌려 열등감을 느낀다면 이미 패배한 셈이다. '열심히 해서 뭐해? 어차피 이길 방법이 없는데'라고 생각하기 시작하면 노력도 안 하게 된다. 온 마음을 다해 집중하면 그 의지로도 상황을 바꿔놓을 수 있다는 집중 수행의 핵심 개념과 반대되는 태도이다.

남과 비교하기 시작하면 집중 수행이 망가지는 이유는 더 있다. 집중 수행이란 자의식이 없는 상태이다. 완전히 몰입하면 자신이 무엇을 하는지, 상대가 누구인지도 잊는다. 하지만 상대와 나를 견주어 보기 시작하면 이미 몰입은 깨진다. 이기고 지는 것은 우리가 통제할 수 없는 문제이다. 하지만 최선의 노력을 기울이느냐 그렇게 못하느냐는 우리가 통제할 수 있는 범위 안에 있다.

힌두 속담에는 "숭고함은 남들을 뛰어넘는 것이 아니라 이전의 자신을 뛰어넘는 데 있다"라는 말이 있다. 상대가 당신보다 한 수 위라면 스승으로 받아들여라. 그리고 당신 자신의 기량을 높일 기회로 삼자.


**제대로 해낸 일은 아무도 기억해주지 않는다.**
**어쩌다 저지른 실수는 아무도 잊지 않는다.**

더그 하비|Doug Harvey, 야구 심판


주변 사람들이 내가 잘한 일에는 별 관심이 없고 잘못한 것에만 초점을 맞춘다면 참으로 불행한 일이다. 더욱이 자기 자신이 스스로를 그런 눈으로 바라본다면 얼마나 불행한 일인가.

스포츠는 흔히 가속도에 좌우된다고 한다. 선수들이 가속도를 얻기 시작해야 제대로 시합이 풀리는 것이다. 이 가속도는 사기±氣와 밀접하게 관련이 있다. 기분이 좋으면 확신을 갖고 시합에 임하게 되는 것이다. 여기에 "넌 할 수 있어! 우리는 널 믿어!"라고 외치는 치어리더들도 큰 역할을 한다.

그런데 우리에게는 지켜보는 관중도, 치어리더도 없다. 우리가 스스로의 치어리더가 되어야 한다. 어떻게 자기 자신을 응원하면 좋을까? 일단은 자신에게 아낌없는 격려와 애정을 퍼부어야 한다. 그리고 몸짓언어가 자신감을 드러낸다는 점을 기억하라.

스포츠 심리학자들은 긴장해서 땀 흘리는 모습을 상대에게 보이지 말라고 조언한다. 당신의 행동과 말은 당신의 기분뿐 아니라 상대방의 기분도 좌우하게 된다. 몇 가지 실수 좀 했다고 고개를 떨어뜨리고 어깨까지 축 처진다면 상대의 확신은 그만큼 더 커지는 것이다.

# 35 ── 몰입 상태를 이어가기 위한 세 가지 규칙

**전에는 백 가지 잡념이 오고 갔다.**

**이제는 그 어떤 생각도 하지 않으려 한다.**

데이비스 러브 3세Davis Love III, 골프 선수

리듬이란 '요소들이 규칙적으로 나타나는 움직임'이라고 한다. 몰입 상태란 중단되거나 방해받는 일 없이 부드럽게 이어지는 상태와 긴밀하게 연결되는 개념이다. 그러므로 몰입 상태가 되려면 리듬을 만들어야 한다. 그리고 몰입 상태를 유지하려면 그 리듬을 이어가야 한다. 지금부터는 리듬을 만들고 유지하고 복구하기 위한 세 가지 규칙을 살펴보자.

### 규칙1 리듬 만들기

몸과 마음을 풀어주기 위한 사전 준비가 필요하다. 스트레칭도 좋고 체조도 좋다. 야구선수들이 박자에 맞춰 공을 던지고 받으며 몸을 푸는 모습을 보았을 것이다. 이렇게 사전 준비가 이루어지면 따로 생각할 필요 없이 필요한 동작을 할 수 있게 된다. 핵심은 긴장감을 유지하고 원하는 속도로 사전 준비 동작을 해야 한다는 것이다.

## 규칙 2 리듬 유지하기

리듬 유지는 특히 휴식시간에 중요하다. 경기 중에는 굳이 리듬을 유지하려 애쓰지 않아도 저절로 유지가 된다. 문제는 경기가 중단되거나 모두가 잠깐 휴식하는 시간이다. 이를 감안하여 중간 휴식 후에 다시금 집중 상태로 돌아가기 위한 절차를 미리 정해두는 것이 좋다.

체조 선수들은 자기 차례를 기다리면서 계속 걸어 다니거나 움직인다. 다이빙 선수들은 따뜻한 물속에 몸을 담그고 체온을 유지한다. 옆 선수와 잡담을 나누는 일은 없다. 마음속으로 자기가 할 동작을 반복해 예행연습하고 있기 때문이다.

몸을 움직이며 리듬을 유지할 상황이 못 된다면 머리로라도 해야 한다. 머릿속으로 그려지는 장면에 시선을 고정하라. 앞에서 눈길 가는 곳에 집중하게 마련이라고 했던 것이 기억나는가? 이때 관중석의 사람들에게 시선을 보냈다가는 리듬이 흐트러지고 만다.

## 규칙 3 리듬 복구하기

리듬을 잃었을 때 복구하는 방법도 중요하다. 골프의 경우도 18홀 내내 집중 수행 상태를 유지할 수는 없다. 완벽하게 집중하다가 휴식하고 다시 집중하는 단계가 이어지도록 하는 게 현실적이다.

리듬을 복구하려면 미리 정해둔 순서대로 동작을 예행연습하면 된다. 집중 수행하고 싶을 때 계속 같은 단계를 밟는다면 어느덧 그 과정이 집중 수행을 불러오게 될 것이다. 두뇌에 집중 신호를 보내는 셈이 되기 때문이다.

## 승자의 마음자세 연습하기

당신의 가장 나약한 생각, 그것이 당신 마음이다. _그라피티 벽화의 문구

몰입은 우리가 생각하지 않는 동안만 유지된다. '이렇게 계속하지는 못하겠어'라고 생각하는 그 순간 바로 의식의 상태로 되돌아온다. 앞으로 경쟁 상황에 놓였을 때 당신은 어떻게 내적, 외적 승리를 거둘 생각인가? 누구를 역할 모델로 삼을 것인가? 스스로를 위한 치어리더가 되어 사기와 가속도를 얻어낼 방법은 무엇인가? 당신의 자세나 동작에서 핵심으로 삼을 부분은 무엇인가? 상대와 비교하고 걱정하는 대신 자신에게만 집중할 수 있는가? 이렇게 승자의 마음 자세를 연습한다면 결과가 어떻든 당신은 이미 승자다.

### ⓕ 혼란 상태

**겁쟁이의 자세**
"지난 5년 동안 계속 이 토론대회에서 우승한 팀이야. 우리가 이길 가능성은 없어."

**어떻게 맞서야 할지 모름**
"팀원 하나하나가 다 국가 장학생이야. 기가 꺾여."

**비판적인 태도**
"그 부분에서 침착해야 했어. 네가 흥분하는 바람에 우리 인상이 나빠졌을 거야."

**상대와 비교하면서 최고가 되고 싶어 하기**
"우승하지 못하면 모든 것은 다 헛수고가 되어버리는 거야."

**자신을 비난하기**
"대체 무슨 생각을 했던 거지? 이래서는 저런 강팀을 이길 수 없어."

**허둥지둥하기**
"상대 팀 논리는 예상보다 훨씬 좋아. 맙소사, 내 발언 차례야. 뭐라고 말해야 하지?"

### ⓕ 집중 수행 상태

**챔피언의 자세**
"여러 주 동안 열심히 준비했잖아. 우리가 어떤 팀인지 보여주자고."

**승리할 계획을 세우기**
"상대 팀이 다른 팀이랑 겨루는 걸 보자. 장단점 분석이 가능할 거야."

**다음번을 생각하는 태도**
"이제부터는 모두 침착하게 대처하는 거야. 알았지?"

**비교하지 않고 최선을 다하기**
"자, 준비한 대로 하면 돼. 그럼 자신감 있게 수 있을 거야."

**자신을 격려하기**
"난 잘해내고 있어. 우리 서로를 믿고 해보자."

**리듬을 타기**
"발언하지 않을 때에는 기록을 하고 있자고. 그럼 계속 집중할 수 있으니까."

# 36 —— 인간관계를 이롭게 하는 집중력의 비밀

**남들 말을 듣고 싶지 않다는 뜻이 아니다.**

**남들 말을 듣고 싶지만 나도 함께 말하면서 듣겠다는 것이다.**

폴라 파운드스톤Paula Poundstone, 코미디언

영국의 사상가 토머스 페인Thomas Paine은 "인간의 생각에는 두 가지 유형이 있다. 하나는 성찰을 통해 우리 안에서 만들어내는 것이고 다른 하나는 저 스스로 우리 마음속에 뛰어드는 것이다"라고 하였다.

집중 수행 워크숍에 참석하는 사람들은 늘 이런저런 생각이 자기 마음에 뛰어든다고 말한다. 심지어는 그 생각이 멋대로 입 밖으로 튀어나가 인간관계를 망쳐놓기도 한다. 뒤늦게 "이렇게 말했어야 했는데" 혹은 "내가 어떻게 그런 소릴 했을까"라고 후회해봐야 소용이 없다. 적절한 말인지 미리 판단하지 않고 내뱉으면 어쩔 수 없이 남들에게 상처를 입히게 된다.

우리 마음의 정보 처리 속도는 놀랄 정도로 빠르다. 대체로 분당 1200단어 정도를 처리한다고 한다. 그래서 너무 느릿느릿 말하는 사람을 만나면 고통스러울 정도로 지루하다. 새로울 것이 없는 따분한 강연을 들으면 온갖 잡념에 빠지게 되는 것도 그 때문이다. 훨씬 더 많은 정

보를 처리할 수 있는 우리 마음에 너무 쉬운 과제가 주어지면 그만큼 집중하기 어렵다.

그러나 집중할 수 있는 시간이 유난히 짧은 사람이라 해도 남의 말을 제대로 듣는 요령 몇 가지만 익히면 어렵지 않게 사회성을 발휘할 수 있다. 다음 다섯 가지 방법을 통해 성공적인 인간관계를 도모해보자.

### 생각나는 것을 모두 말하지 말고 말할 것을 모두 생각하라.

레오 로스튼Leo Rosten, 작가

우리 대부분은 로스튼의 말과 정반대로 행동한다. 마음속 생각이 용솟음쳐 어서 말해야만 한다. 심지어는 상대가 무슨 말을 할지 미리 예측해 대신 문장을 끝맺어주기까지 한다. 상대의 의견에 동조할 수 없다면 그에 대해 잠시 생각을 해보기도 전에 "그건 아니지"라는 말부터 내보낸다.

앞으로는 회의나 모임에 가기 전에 '먼저 생각하기'라는 말을 머릿속에 담아두자. 그리고 입을 열기 전에 스스로에게 물어보라. "혹시 민감한 발언인가? 시기적절한가? 내용은 괜찮은가? 대화에 가치를 더하는 말인가?" 그렇다는 대답이 나온다면 해도 좋다. 아니라면 입을 닫고 생각을 머릿속에만 담아두어라. 무언가 말하고 싶다고 해서 곧 말할 권리가 주어지는 것은 아니라는 사실을 기억할 필요가 있다.

## 하품은 소리 없는 외침이다.

G.K. 체스터튼G. K. Chesterton, 작가

당신의 말이 지나치게 오래, 혹은 지루하게 이어질 때 상대는 별다른 말을 하지 않을지 모른다. 그렇다 해도 몸짓 언어는 상대의 마음을 드러내기 마련이다. 그러므로 남들의 시선, 표정, 자세 등을 주의 깊게 읽어내는 연습이 필요하다.

예를 들어 여럿이 모여 앉아 대화하는데 누군가 하품을 했다면 이는 "이 정도면 충분합니다"라는 의사를 나름대로 예의 있게 표현한 것일 수 있다. 시선이 흔들린다면 그 자리에서 빠져나갈 방법을 찾고 있다는 뜻이다. 상대가 눈을 휘둥그레 떴다면 당신이 자기도 모르게 공격적인 말을 내뱉었을 가능성이 높다. 몸을 옆으로 혹은 뒤로 돌린다면 대화를 끝내자는 의사표현이다. 이럴 때는 적절하게 말을 마쳐줘야 한다.

상대의 몸짓 언어를 해석하는 것이 전부는 아니다. 우리 자신이 적절한 몸짓 언어를 사용하고 있는지도 점검해야 한다. 상대의 말을 들을 때 제일 중요한 것은 시선이다. 작가 엘버트 허버드Albert Hubbard는 "눈은 두뇌의 거울이며 인식의 통로이다"라는 말로 이를 적절하게 표현했다. 그러므로 상대를 쳐다보지 않는다면 상대의 말을 듣지 않는 것이나 다름없다. 적어도 상대는 그렇게 받아들인다. 이밖에 상대에게 귀를 기울이고 있다는 것을 나타내는 몸짓 언어는 다음과 같다.

**상체를 앞으로 살짝 내밀기 지나치게 가까이 다가가면 상대를 놀라게 할 수 있으므로 주의하라.**

**눈썹 위로 올리기** 한번 해보라. 눈썹을 추어올린 상태에서 딴 생각을 하기란 불가능하다.

**눈높이 맞추기** 어린이들과 대화할 때 특히 중요한 점이다. 필요하다면 자세를 낮춰 상대와 눈높이를 맞춰라. 같은 높이에 있어야 상대에게 공감할 수 있다.


### 진심을 말하겠습니다. 저는 잃어버릴 것이 하나도 없거든요.

하야카와S.I. Hayakawa, 전前 샌프란시스코 주립대학 총장


안타까운 일이다. 잃어버릴 것이 많은 높은 지위의 총장님이 던진 이 첫 마디는 청중의 신뢰감을 떨어뜨리고 말았으니……

생각하는 것, 말하고 싶은 것은 미리 적어두는 편이 좋다. 그래야 애초에 의도했던 대로 말할 수 있다. 물론 연설문에 코를 박고 줄줄이 읽어 내려가라는 이야기가 아니다. 다만 평소에 자주 받는 질문이 있다면 간결하면서도 흥미를 유발하는 답변을 미리 준비하라는 것이다. 예를 들어 "뭐 하시는 분이지요?"라는 질문을 받았을 때 당신은 어떻게 대답하는가? 계속해서 대화가 이어지도록 만들 만한 답변을 하고 있는가? 대화가 어색하게 끊겼을 때 상대에게 던질 수 있는 예비 질문들을 만들어두었는가? 앞서 등장했던 화제에 대해 좀 더 말해 달라고 한다든지, 제일 좋아하는 음악이나 책은 무엇인지 묻는다든지 하는 식으로 말이다.

업무상 누군가를 처음 만나게 되는 경우에는 어떻게 말을 시작할지 미리 생각하고 연습해두는 것이 좋다. "급하실 테니 거리낌 없이 바로

일 이야기를 시작하셔도 됩니다", "자, 제가 어떻게 도와드리면 될까요?", "이렇게 초대해주셔서 고맙습니다. 주변 분들까지 함께 알게 되어 기대가 되는군요"라는 식으로 말이다.

자칫 잘못하면 어색해질 수 있는 처음 얼마간을 부드럽게 넘기기 위한 몇 가지 질문, 예를 들어 "이 지역에는 처음 왔습니다. 제가 염두에 두어야 할 것이 있을까요?" "처음 와본 도시라 잘 몰라서요. 이곳에 사는 분들은 주로 어떻게 여가를 보내나요?"와 같은 질문도 준비해두면 요긴하게 쓰일 것이다.

# 호감을 얻는 사람의 대화 습관

나는 정신적인 즐거움, 정신적인 건강, 정신적인 친구들을 갖고 있다. 그리고 이들과 더불어 정신적인 부를 누리고 있다. _윌리엄 블레이크William Blake, 시인

배우 셜리 맥클레인Shirley MacLaine은 "두려움은 친구가 될 수도 있는 사람을 이방인으로 남겨둔다"라고 하였다. 우리는 마음을 다해 상대의 말을 듣고 상호작용함으로써 이방인으로 남지 않을 수 있다. 그리고 얼마든지 많은 친구를 만들 수 있다.

매너를 갖춘 사람이 되기 위해 어떻게 할 계획인가? 먼저 생각한 뒤 낮은 목소리로, 그리고 비교적 천천히 말하며 상대와의 거리를 유지할 것인가? 대화를 부드럽게 시작하기 위한 말을 미리 준비해둘 것인가? 몸짓 언어를 잘 관찰해 적절히 대처할 것인가? 이중 하나만 잘 실천해도 사람들은 당신의 매너에 충분히 감탄할 것이다.

## 혼란 상태

**먼저 말하고 나중에 생각하기**
"패티, 몸무게가 늘었는데? 다이어트를 한다더니 어떻게 된 거야?"

**몸짓 언어를 무시하기**
"아니, 잠깐만요, 아직 내 말이 안 끝났어요. 그때 말이지요……."

**무슨 말을 해야 할지 몰라 쩔쩔매기**
"아니, 제가 제일 처음 온 건가요? 다른 사람은 안 오나요? 저 혼자가 아니면 좋겠는데……."

**혀를 통제하지 못함**
"제가 뭐라고 했는지 알아요? 뭐라고 했느냐 하면……."

**친구를 흉보기**
"어떻게 저런 옷을 입고 올 수가 있어? 나 같으면 절대 못 해."

## 집중 수행 상태

**먼저 생각하고 나중에 말하기**
"패티는 몸무게가 늘었다고 스스로도 의식하고 있을 거야. 그 얘기는 하지 말아야지."

**몸짓 언어 해석하기**
"아, 죄송합니다. 제 말이 너무 길었지요?"

**처음에 할 말을 준비해두기**
"안녕하세요? 만나서 반가워요. 다른 분들 오실 때까지 제가 뭐 도와드릴 일이 있을까요?"

**혀를 적절히 통제하기**
"마이크, 당신 같으면 그런 상황에서 뭐라고 말했겠어요?"

**친구를 감싸주기**
"옷이 뭐 어때서? 예쁘기만 한데. 아, 식사하라고 부르네. 어서 가자."

# 37 ── 나의 뇌를 충전할 시간, 15분

**다른 사람들은 분석을 한다지요. 저는 유타를 생각합니다.**

로버트 레드포드Robert Redford, 영화배우


스트레스가 심한 연예계에서 잘 버텨내는 비결을 묻는 질문에 로버트 레드포드가 했던 답변이다. 당신의 '유타'는 어디인가?

빡빡한 일정, 수많은 책임과 의무, 마감의 압박 등으로 우리는 거의 하루 종일 집중 수행을 해야 살아남을 수 있는 처지이다. 지친 몸과 두뇌는 휴식처를 필요로 한다. 모든 긴장을 풀고 쉬면서 자기 자신으로 돌아갈 공간이 필요한 것이다. 그런데 이런 편안한 집이 없는 사람들이 있다. 오아시스가 되어주기는커녕 사무실과 다름없는 집, 끝없는 의무와 괴롭히는 일들이 잔뜩 쌓여 있는 집 말이다.

당신은 어떤가? 당신의 집은 휴식의 공간인가, 아니면 생각만 해도 머리가 아픈 골칫거리인가?

당신의 집을 휴식 공간으로 만들 방법을 알고 싶다면 다음 이야기를 참고하여 즐겁고 편안한 집을 만들어보자. 집 안을 정신적인 휴가를 즐길 수 있는 공간으로 탈바꿈시키는 것이다.

**보기 싫은 사람과 거리를 유지시켜준다는 장점이
있다고는 해도 전화는 어쨌든 악마의 발명품이 분명하다.**

앰브로즈 비어스Ambrose G. Bierce, 작가


전화벨만 울리면 파블로프의 개처럼 수화기를 집어 들고 있는가? 그
렇다면 기억하라. 전화가 울린다고 해서 꼭 그 전화를 받아야 한다는
뜻은 아니다. 다시 한 번 반복하자. 전화가 울린다고 해서 꼭 그 전화를
받아야 하는 것은 아니다.

매일 저녁 전화에서 해방되는 시간을 정해보자. 그 시간에는 식구 중
누구도 전화를 받을 수 없다. 남자친구가 만나자고 하는 전화든, 운동
부 코치가 내일 시합과 관련해 걸어온 전화든, 친척이 건 전화든 다 마찬
가지다. 어떤 전화든 한 시간 정도는 미뤄놓을 수 있다. "우리는 서로를
최우선 순위에 두고 함께 한 시간 정도를 보낼 수 있을 만큼 중요한 존재
야"라고 가족들에게 말하라. 혼자 살고 있다면 "세상과 거리를 두고 홀
로 한 시간을 보낼 정도의 자격과 권리가 나한테 있어"라고 말하라.

인간에게 질서에 대한 욕구는 기본적이다. 모든 것이 제자리에 있다
는 것을 인식할 때 비로소 안정감이 생겨난다. 예를 들어 태풍이 덮친
지역의 거주민들은 큰 충격에 빠진다. 안전하다고 믿었던 세계가 더 이
상 안전하지 않다는 것이 현실로 드러났기 때문이다. 이 경우 매슬로의
욕구 단계의 제일 아래층에 있는 생존의 욕구가 가장 중요한 문제로 부
각된다. 줄을 서서 한참 기다려야 식수와 음식이 배당되는 상황에 처한
사람들에게 심리 치료사들이 제일 먼저 내리는 처방은 일상의 질서 확
립이다. 매일 같은 시간에 식수를 뜨러 가고 같은 시간에 잠자리에 들

라는 것이다. 이런 식으로 조금씩 질서가 잡혀가면 점차 충격에서 벗어날 수 있게 된다.

우리 식구는 10년 동안 살던 집을 떠나 최근 이사했다. 그리고 며칠을 혼란의 도가니에서 허우적댔다. 힘에 부쳤던 나는 급기야 아들들에게 소리를 질렀고, 아들들은 교복을 찾지 못해 싸움을 벌였다. 가재도구를 꾸린 짐을 풀지 못한 탓에 시리얼로 저녁을 해결해야 했고 침구가 정리되지 못해 거실의 소파에서 잠을 자야 했다. 온 가족의 스트레스 수치가 끝 간 데 없이 높아졌다.

우리는 그 상태를 벗어나기 위해 주말을 집 정리에 바치기로 했다. 그리고 상자를 하나하나 풀면서 방을 정리해 질서를 잡아나갔다. 가족회의를 열고 일상의 규칙도 정했다. 며칠 만에 다시금 질서가 찾아왔다. 우리 집은 다시 안전하고 편안한 곳이 되었다.

당신의 집이 정리가 제대로 안 되어 무질서한 상태인가? 집 안이 엉망진창인 상황에서 생각을 정리하기란 불가능하다. 당신도 가족들과 힘을 합쳐 이번 주말에 집을 정리해보면 어떤가? 그리하여 삶의 통제권을 자신이 쥐고 있다는 자신감을 느껴본다면? 집에 질서가 잡힐수록 삶에도 질서가 잡히고, 더 높은 수준의 집중 수행이 가능해진다.

## 인생은 너무 짧다. 그래도 예의를 갖출 시간은 있다.

랄프 왈도 에머슨Ralph Waldo Emerson, 작가

그렇다. 아무리 바빠도 사람에게 예의를 갖출 시간은 있다. 특히 사

랑하는 사람들에게는 예의를 갖출 시간을 더 내야 한다. 인간관계에는 언제나 규칙이 있다. 권투할 때는 벨트 아래를 치면 안 되고 운전할 때는 신호를 준수해야 한다. 그러나 가정에는 규칙이 없는 경우가 많다. 갈등을 최소화하면서 공존하기 위한 규칙을 세워두지 않는 것이다. 그래서 어떤 일이든 일어날 수 있다. 거리낌 없이 서로를 방해하고 부주의한 말로 상대에게 상처를 입히기도 한다.

한 간호사는 이런 말을 했다. "전 직장에서 최고의 모습을 보이죠. 하루 종일 친절하게 환자들을 보살피거든요. 그래서 집에 갈 때쯤 되면 감정적으로 녹초가 되고 말아요. 인내심이 바닥 난 상태라 아이들한테 마구 소리를 지르고 남편한테도 신경질을 낸답니다. 이러고 싶지 않지만 저도 어쩔 수 없네요."

당신도 비슷한 문제를 겪고 있는가? 고객이나 동료에게 최고의 대접을 해주다 보니 가족에게는 최악의 대접을 하고 있는가? 오늘 당장 식구들과 마주 앉아 규칙을 정하자. 고객을 대하듯 가족들에게도 예의를 갖추기로 합의하라.

한 가지 방법을 권하자면 '불평불만 유예' 규칙을 세우는 것이다. 하루 동안 불만스러웠던 일들을 배우자 앞에서 쏟아내기 전에 잠시 멈추고 생각해보는 것이다. '상대가 과연 내 불평을 듣고 싶어 할까? 내가 힘들다고 생각하는 이유는 뭘까?' 당신의 하루가 힘들었다고 해서 상대에게 불평을 쏟아낼 권리는 없다. 게다가 다 쏟아내고 나면 당신의 기분은 좋아질지 모르지만 이번에는 상대방의 기분이 나빠지지 않겠는가.

'투덜거리는 시간'을 미리 정해둘 수도 있다. 각자 돌아가며 15분 동안 그날의 불운을 털어낼 기회를 갖는 것이다. 상사 험담을 할 수도 있고 숙제를 잔뜩 내준 선생님을 탓할 수도 있다. 그러나 딱 15분만이다. 그 다음에는 좋은 일 쪽으로 생각을 돌려야 한다.

가족에게 친절하고 다정한 모습을 보이기 위한 또 다른 방법은 한 사람 한 사람에게 5분씩 온전한 관심을 쏟아주는 것이다. 실제로 다른 일에 바쁜 나머지 가족들에게 충분히 주의를 집중하지 못하는 일이 허다하다. "지금은 안 돼", "짧게 말해", "어서 서둘러", "이따 하면 안 되니?" 같은 건조한 말들이 난무한다. 그럼 상대방은 "난 당신보다 다른 일을 더 중요하게 생각해요"라는 메시지를 전달받게 된다.

이와 달리 5분씩 온전한 관심을 쏟기로 했다면 상대의 하루가 어땠는지, 야외 관찰 수업이 어떻게 진행되었는지 물어볼 수 있을 것이다. 그리고 주의를 집중해 들어주는 것이다. 듣기는 집중 수행의 핵심 요소이다. 그것은 곧 우리의 관심을 행동으로 옮기는 것이니 말이다.

**자기를 회복하기 위해 당신은 어디로 가는가?**
**이건 사치스러운 행동이 아니다.**
**에너지가 고갈되지 않으려면 꼭 필요한 일이다.**
**우리 삶의 어딘가에는 자유로운 정신적 공간이 필요하다.**
글로리아 스타이넘Gloria Steinem, 페미니즘 운동가

좁은 장소에 여러 마리의 쥐들이 함께 갇히게 되면 이상행동을 보인다는 연구 결과를 들어본 적이 있는가? 우리 인간도 매일 다른 인간들

에 둘러싸여 살고 일하며 출퇴근을 한다. 그리고 종일 직장에서 다른 사람들의 요구에 맞추면서 힘든 하루를 보내고 집으로 돌아와 가사와 아이 돌보는 일에 바로 뛰어들며 숨 가쁘게 산다. 충분히 고단하고 빡빡하다고 느낄 수 있다.

오늘부터는 현관을 들어서자마자 짧은 충전 시간을 갖도록 하라. 일종의 휴가이다. 어느 여행사 직원은 내게 이런 말을 해주었다. "휴가의 목적은 대조적인 경험을 하는 것이지요. 홀로 조용히 일하는 사람에게는 스릴 넘치는 모험이 필요하고, 종일 의사결정을 하는 사람이라면 아무 생각 없이 느긋하게 휴식하는 휴가가 필요하고요."

당신의 하루가 사람들, 온갖 의무와 마감 시한으로 꽉 차 있다면 단 몇 분만이라도 대조적인 경험이 필요하다. 식구들에게 집에 돌아온 후 15분간 혼자 쉬면서 두뇌를 충전하겠다고 양해를 구하라. 그리고 좋아하는 차 한 잔이나 책, 목 베개 등을 챙겨 당신만의 조용한 공간으로 들어가라. 물론 15분 후에는 생기를 되찾은 다정한 얼굴로 식구들 앞에 나타나는 것이다.

# 즐거운 나의 집을 만들자

사람들은 아무도 원치 않는 새로운 제안을 계속 가져온다. 말하는 카메라며 커피 만드는 시계 등등. 우리가 정말 원하는 게 뭔지 아는가? 잠깐이라도 누워 쉬는 것이다. _폴 레이저
Paul Reiser, 코미디언

집은 우리가 집중 수행해야 한다는 압박을 덜어내고 정신적으로 편안하게 누워 쉴 수 있는 귀중한 공간이다. 당신의 몸과 마음, 영혼이 집에서 재충전되려면 어떻게 해야 할까? 하루에 대여섯 시간 동안 머물며 그저 잠만 자는 공간, 들어서면 오히려 머리가 뒤죽박죽이 되는 공간으로 내버려둘 것인가? 이제 방법을 찾아보자.

## ☺ 혼란 상태

**사무실의 연장이 되어버린 집**
"어떻게 모든 사람들 앞에서 나한테 그런 소릴 할 수 있는지 도무지 모르겠어."

**늘 전화통화 중**
"제니, 벌써 세 번째 통화야. 오늘 밤 사이에 얘기가 끝날 수 있을까?"

**엉망진창인 집**
"이건 돼지우리나 마찬가지야."

**아무 때나 식구들에게 말을 걸기**
"아빠가 통화 중이시긴 하지만 스티브는 내가 함께 산책 나갈 수 있는지 지금 당장 알고 싶어 해."

**끝없이 동동거리기**
"평화롭고 고요한 시간은 대체 언제 찾아올까?"

## ☺ 집중 수행 상태

**영혼이 쉴 수 있는 오아시스 같은 집**
"잊어버리자. 부장님에 대한 생각은 사무실에 남겨두자고."

**전화기 없는 시간**
"자동 응답기를 걸어두자. 자, 오늘은 치어리더 연습을 잘했니?"

**정리된 집**
"거실부터 차례로 청소하도록 하자."

**예의 지키기**
"아빠가 통화 중이니 메모를 써서 산책 나가도 될지 여쭤봐야겠다."

**충전 시간 갖기**
"이제 새로 태어난 기분이야. 꼭 필요했던 낮잠이었어."

# conZentrate

당신의 영혼이 종잇장처럼 얇게 느껴진다면 공책을 꺼내 글쓰기를 시작하라. 좋은 생각, 싫은 생각, 추악한 생각을 모두 적어 내려가는 작업은 유해한 생각을 몰아내는 효과적인 길이다. 말을 꾸미지 말라. 대문호 흉내를 낼 필요는 없다. 그저 안에 있는 것을 밖으로 끄집어내면 족하다.

## TRACK
# 6

# 무엇이 몰입을
# 방해하는가

마음이 뒤를 돌아보지 않고 앞으로 나아갈 준비가 되었을 때
가장 효과적인 행동이 나온다.

**_스즈키 다이세츠**鈴木大拙, 선불교 지도자

# 38 ── 이리로 갈까, 저리로 갈까

**진동이란 어느 방향으로 가야 할지
결정할 수 없을 때의 움직임이다.**
인터넷에서 찾은 내 멋대로 정의

선택 가능성이 너무 많으면 마음의 결정을 내리기가 어렵다. 미래학자 앨빈 토플러는 이를 과잉선택권overchoice이라 불렀다. 얼핏 생각하면 대안이 많을수록 좋을 것 같지만 선택의 여지가 많을 때 우리 마음은 혼란에 빠지고 만다. 그리고 무엇을 해야 할지 몰라 결국 아무것도 하지 못하게 된다.

그 혼란을 벗어나게 해줄 몇 가지 기준을 알아보자. 머릿속이 혼미할 때 제대로 길을 찾을 수 있을 것이다.

**모호함을 달라! 아니면 다른 무언가를 주어도 좋다.**
티셔츠의 문구

"훌륭한 관리자의 자질을 한마디로 요약하면 결단력입니다." 리 아이어코카의 말이다.

결정을 내리지 못하고 우왕좌왕한다면 집중 수행은 없다. 혼란은 집중 수행의 반대 상황이다.(그래서 이 책의 Action Plan 표는 혼란과 집중 수행이라는 두 부분으로 나뉘어져 있다).

현재 당신의 당면 과제를 떠올려보라. 어떤 의사결정이 필요한 상황인가? 직장을 옮기려 하는가? 집을 구입하려 하는가? 다른 도시로 이사를 갈까 생각 중인가? 어쩌면 지금 당장에는 이런 커다란 선택 상황에 놓여 있지 않을지도 모른다. 하지만 우리 일상은 결국 선택의 연속이다. 데이트를 신청해야 할지 말지, 새 옷을 사야 할지 말지 등등에 대해 늘 선택해야 한다.

나폴레옹은 "결정을 내리는 일보다 더 어렵고 더 중요한 것은 없다"라고 하였다. 지금부터 단계별로 결정을 내리는 연습을 시작해보자.


## 문제가 제대로 설명되었다면 이미 반은 해결된 셈이다.

찰스 케터링Charles Kettering, 발명가


'문제'라는 단어에는 부정적인 의미가 없다. 그저 현재 상태와 원하는 상태 사이에 거리가 존재한다는 것을 뜻할 뿐이다. 그 거리를 좁히는 첫 단계는 무엇을 해결하고 개선하고 선택해야 하는지 명료하게 정리하는 일이다. 루이스 캐럴의 《이상한 나라의 앨리스》에는 앨리스가 갈림길을 만나는 장면이 등장한다. "나는 어느 길로 가야 하니?"라고 고양이에게 묻자 고양이는 "어디로 가고 싶은데?"라고 되묻는다. 앨리스가 모른다고 하자 고양이는 "그렇담 어디로 가든 상관없어"라고 대답한다.

스스로에게 물어보라. "문제가 무엇이지? 내가 원치 않는 길은 무엇이지?" 가령 아들의 축구 시합을 보러 가주기로 했는데 상사가 야근이라도 해서 업무를 끝내라는 지시를 내렸다고 하자. 아들과의 약속을 지키고 싶지만 업무를 끝내놓지 않으면 상사의 분노를 사게 될 상황이다.

**우리의 모든 결정은 언제 변할지 모르는 마음에서 비롯된 것이다.**

마르셀 프루스트Marcel Proust, 작가

자, 두 가지 선택 가능성의 장단점을 검토해보자. 상사가 오늘 밤까지 끝내라고 한 업무를 내일 아침 일찍 출근해 처리할 수 있는가? 아들의 축구 시합은 오늘 말고도 다음주에 또 가볼 수 있는가? 이전의 상황도 고려해야 한다. 전에도 아들의 축구 시합을 보러 가기로 한 약속을 어긴 적이 있어 이번에는 꼭 가봐야 할 입장인가? 여러 차례 야근을 한 상황이라 이번에는 사정 이야기를 해볼 수 있는가?

향후 변할 수 있는 상황 또한 염두에 두어라. 프루스트가 지적했듯이 모든 것은 언제 변할지 모른다. 두 주쯤 지나고 나면 현재의 의사결정은 전혀 다른 의미를 갖게 될 수도 있다.

프리랜서로 일하던 내 친구 하나는 최근 한 기업에 취업을 했다. 이유는 단 하나, 그 부서를 이끌고 있는 부서장의 비전과 인품이 좋았기 때문이었다. 본래 관료적인 체제를 싫어하여 혼자 일하는 것을 선호하는 편이었지만 그 부서장 밑에서 많이 배울 수 있으리라 기대했던 것이다. 그러나 취업한 지 두 주 만에 그 부서장은 다른 회사로 옮겨가고 말았다. 친구가 그 가능성을 진작 예상했다면 하던 일을 접고 취업하는 일은 없었을 텐데 말이다.

결정을 할 때는 앞으로 일어날 수 있는 변화를 예상하고 그것을 반영할 필요도 있다. 그래야 상황이 변화했을 때에도 후회가 적다.

# 39 —— 더 과감한 쪽을 선택하라

**오늘 아침에 대단한 생각이 떠올랐다.**
**하지만 마음에 들지 않았다.**

새뮤얼 골드윈Samuel Goldwyn, 영화제작자

골드윈의 말뜻이 이해가 간다. 처음에는 멋지고 대단해 보였던 것도 조금 더 생각을 해보면 자기한테 맞지 않는다든지 실현 가능성이 낮다든지 하는 판단이 들 수 있다. 그러므로 성급한 판단을 내리지 않도록 다시 생각해보는 여유를 의식적으로 가질 필요가 있다.

심리학자 프로이트는 판단을 할 때 논리적인 좌뇌의 판단과 감정적인 우뇌의 느낌을 비교, 검토해야 한다고 조언한 바 있다. 이와 함께 반려자나 직업 선택과 같은 인생에서 중요한 결정을 할 때는 내면 깊숙한 곳의 무의식을 따라야 한다고도 했다.

당신이 선택하려는 행동은 어떤 느낌을 안겨주는가? 겉으로는 훌륭한 선택 같아도 그것이 당신의 가치관이나 원칙과 어긋난 것은 아닌가? 앞서 예로 든 경우에서 아들의 축구 시합에 가준다는 약속을 깬다면 아들은 상처를 입을 것이다. 다른 무엇보다도 가족이 소중하다는 신념을 갖고 있다면 그것 또한 깨지고 만다. 이런 상황이라면 상사를 설득해 다른 방법을 찾아보아야 한다. 로이 디즈니는 이렇게 말했다. "가치관을 안다면 의사결정은 어렵지 않다."

## 멋진 생각을 해내는 최고의 방법은 여러 생각을 하는 것이다.

라이너스 폴링Linus Pauling, 물리화학자

멋진 의사결정을 해내는 최고의 방법은 여러 의견을 들어보는 것이다. 하버드대 의학 교수였던 올리버 웬들 홈스Oliver Wendell Homes의 말을 빌자면 "처음 생각해낸 사람을 떠나 다른 사람에게 옮겨졌을 때 아이디어는 더 잘 자라난다."

머리 둘은 하나보다 낫다. 마음이 복잡할 때는 때로 남들의 의견을 구하는 것이 도움이 된다. 남들은 새로운 시각에서 내 문제를 바라보고 새로운 경험을 들려주기 때문이다. 그러면 더 광범위한 시각에서 결정을 내릴 수 있다.

물론 지나치면 안 된다. 영화감독 빌리 와일더Billy Wilder는 이를 경계하여 "자기 본능을 신뢰하라. 실수는 다른 누구도 아닌 자기 것이다"라고 한 바 있다. 자기 주도권을 포기하지는 말아야 한다. 다만 조언을 듣고 주의 깊게 생각해보라는 것이다. 잘 활용하면 뼈대만 있던 아이디어가 주변 사람들과의 브레인스토밍을 통해 혁신적인 모습으로 발전할 수도 있다.

브레인스토밍의 효과를 극대화하려면 열린 마음으로 남들의 의견을 들어야 한다. 상대 주장을 짓밟지 말고 올라타야 한다. 비판하거나 평가하거나 부정하지 말라. 모두의 의견을 경청한 후 하나하나 차분하게 검토하도록 하라.

의학자 조너스 소크Jonas Salk 는 "위대한 발견과 진보는 예외 없이 여러 사람이 협력한 결과물이다"라고 하였다. 브레인스토밍은 여러 사람의 마음을 당신의 문제로 집중시키는 역할을 한다. 그 결과는 당신 혼자 얻어낸 것보다 더 나을 것이다.

## 저 우뚝 서 있는 바위는 계곡에서 보면 크지만 봉우리에서 보면 그저 작디작을 뿐이다.

G.K. 체스터튼G. K. Chesterton, 작가

문제의 한가운데에 파묻혀 있다 보면 장애물이 실제보다 훨씬 거대해 보인다. 거리를 두고 떨어져서 보아야 장애물이 실제 크기로 인식되는 법이다. 비로소 제대로 된 시각을 찾는 것이다.

곱씹어 생각할 여유를 가져라. 조급한 마음에 순간적으로 결정을 내리지 않도록 주의하라. '예/아니오'라는 답을 내놓기 전에 생각할 시간을 요구하라. 가능하다면 맑은 공기 속에서 산책하며 생각을 정리하라. 왼발과 오른발을 번갈아 내밀며 걷는 과정은 뇌 양쪽의 움직임을 촉진하고 창의적인 사고를 불러일으킬 것이다. 역사가 조지 트리벨리언 George Trevelyan 은 이렇게 말했다. "내게는 의사가 둘 있다. 바로 내 왼쪽 다리와 오른쪽 다리다. 몸과 마음이 정상궤도를 벗어나면 나는 두 의사에게 도움을 청하고 다시 건강을 되찾는다."

**잘못된 의사결정을 내릴 때마다 사람들은 죽는다.**
**두 눈에서 불꽃이 꺼지는 것이다.**
**삶과 대립되는 결정을 하면 문이 닫히고**
**당신은 그 안에서 안전하다. 안전한 죽음이다.**

앤 모로 린드버그Anne Morrow Lindbergh, 작가


도무지 무엇이 좋은 선택인지 알 수 없고 통제 불가능한 변수들도 너무 많다면 영국의 슬림W. J. Slim 장군 조언에 따르라. "두 가지가 거의 비슷해 보여 결정을 내릴 수 없다면 더 과감한 쪽을 선택해야 한다."

또한 어느 쪽을 선택하든 실천하는 것이 중요하다. 우물쭈물하면서 시간을 끌다 보면 기회가 사라져버린다. 최종 결정이 나의 가치관에 맞는다면 발걸음을 과감히 내딛어야 한다. 혹시 미끄러지거나 헛디딜 수도 있지만 그것은 기꺼이 받아들이면 된다. 어쨌든 최선의 결정을 내렸음을 알고 있으니 말이다.

당신은 지금 선택의 기로에 서서 방황하고 있는가? 종이를 꺼내 세 칸으로 줄을 그어라. 그리고 각각을 선택했을 때의 장점, 단점과 가치관에 부합하는지 등을 나란히 적어보라. 시간 여유가 있다면 믿을 만한 친구들의 의견도 구하라. 마침내 의사결정을 내렸다면 바로 실행하라.

## 의사결정의 6단계 과정

망설임이 유연성의 핵심이다. _티셔츠의 문구

"공을 기다리기로 결정한다. 공이 날아오기 시작하면 자기 위치를 생각한다. 또 어떻게 스윙을 날릴지 생각한다. 그러다 보면 어느새 공이 나를 지나쳐 스트라이크 판정이 나 있다." 야구선수 바비 머서Bobby Murcer가 '분석 마비' 증후군을 설명하며 한 말이다. 의사결정 과정을 너무 오래 끌어 인생의 한방을 놓쳐서는 안 된다. 다음 6단계 결정 과정은 귀중한 T.I.M.E.를 낭비하지 않고 마음을 정하도록 도와줄 것이다.

### 😕 혼란 상태

**어떻게 해야 할지 모름**
"존이 청혼했는데 뭐라고 말하지?
거절하면 존이 무척 낙담할 텐데."

**한 가지 선택 가능성만 생각하기**
"목요일까지는 답을 달라고 했는데
어쩌지?"

**겉보기에 좋은 가능성을 선택하기**
"우리한테는 공통점도 많고 존은
좋은 사람이니까……."

**혼자 고민하기**
"아, 머리가 아플 지경이야. 난 존을
좋아하지만 사랑하기도 하는 걸까?"

**상황에 매몰되어 시야가 좁아짐**
"벌써 주말이 되었어. 하지만 여전히
결정을 내릴 수 없어."

**가장 논리적인 것을 선택하기**
"존은 내가 원하는 걸
다 갖추진 못했지만 그래도 좋은
사람이야. 청혼을 받아들이겠어."

### 💡 집중 수행 상태

**문제를 명확히 하기 (1단계)**
"존에게 생각할 시간을 좀 달라고
부탁하자. 남은 평생을 함께 할 만한
사람인지 생각해봐야 해."

**여러 가능성을 검토하기 (2단계)**
"시간을 좀 갖고 서로를 더 잘
알아가자고 해야겠어."

**가치관을 바탕으로 생각하기 (3단계)**
"내가 존을 사랑하나? 존은 내
하나뿐인 동반자가 될 수 있나?"

**다른 사람의 의견 구하기 (4단계)**
"이번 주말에 친구를 만나
의논해봐야지."

**거리를 두고 전체를 바라보기 (5단계)**
"등산을 하러 가야지. 그러면
판단하기가 좀 쉬울 거야."

**마음 깊숙이 받아들일 수 있는 선택을
하기 (6단계)**
"난 아직 준비가 안 됐어. 더 사귀고
싶지만 당장 결혼할 생각은 없다고
대답해야지."

# 40 —— 어떻게 걱정과 불안을 떨쳐낼까

**걱정은 두려움의 한 형태이다.**

**두려움은 그 형태가 어떻든 결국 피로를 가져온다.**

버트런드 러셀Bertrand Russell, 사회학자

걱정도 집중의 한 형태이다. 다만 정신적 에너지를 고갈시키는 해로운 형태라는 게 문제이다. 걱정은 결국 비관적인 미래로 연결된다. 머릿속에서 공포 영화를 자꾸 재현하면 끔찍한 상황이 실제로 찾아오는 것이다. 걱정은 다음과 같은 결과로 이어진다.

### 결과1 **싸우거나 도망치는 반응**

실제로는 아무 일 없었는데도 우리 몸은 마치 무슨 일이 있었던 것처럼 반응한다. 현재의 신체적, 심리적 스트레스의 수준이 높아지는 것이다. 근육이 긴장하고 심장 박동이 빨라지며 아드레날린이 배출되어 당장 도망치거나 맞서 싸울 태세가 갖춰진다. 그럴 필요가 전혀 없는데도 말이다!

### 결과2 현재를 지옥으로 만들기

부정적인 미래를 상상하면 현재도 부정적이 된다. 상상이 현실로 이어져 두려운 상황을 마치 실제로 체험하는 듯한 상태가 된다. 세네카는 말했다. "두려움은 실제 위험보다 더 크고 우리는 현실보다 상상 속에서 더 많이 고통받는다."

### 결과3 불길한 예감의 실현

최악의 시나리오를 그리고 있으면 정말로 고약한 일이 일어난다. 우리가 거기에 집중 수행하기 때문이다. 실패할 것이라 예상하면 실제로도 그런 결과가 빚어진다.

이런데도 걱정을 계속할 것인가? 정신적, 신체적 건강을 망치고 일이 긍정적으로 풀릴 가능성을 스스로 차단할 것인가? 싫은 장면을 상상하며 스스로 두려움에 빠져버릴 수도, 원하는 장면을 떠올리며 마음을 안정시킬 수도 있다. 다시 강조하지만 당신의 T.I.M.E.를 어떻게 사용할 것인지는 온전히 당신의 선택에 달려 있다.

**인생의 매순간 나는 두려움에 떨었고**
**결국 하고 싶었던 일은 하나도 하지 못했다.**

조지아 오키프Georgia O'Keeffe, 화가

미국의 정신분석 학자이며 의사인 칼 메닝거Karl Menninger는 "두려움은 교육된 것이다. 따라서 원한다면 내몰 수 있다"라고 하였다. 우리는 두려운 미래가 현실화될 때까지 무력하게 앉아 기다리는 대신 직접 행동하면서 두려움을 떨쳐낼 수 있다. 최악이 아닌 최선을 기대하고 최선을 위해 노력할 수 있다.

한 어머니의 경험담을 보자. "작년에 우리 딸애 생일파티를 열었는데 친구가 두 명밖에 오지 않았어요. 여덟 살짜리 딸은 몹시 상심했죠. 초대장을 열 명에게 보냈고 음식도 인원수에 맞춰 차려놓았거든요. 나중에 알고 보니 그날 다른 생일파티가 더 있었고 또 저녁에는 무용 발표회도 있었더라고요. 제대로 알아보지 않고 파티 날짜를 잡은 거지요.

올해 딸애는 생일파티를 하고 싶지 않다고 했어요. 또다시 친구들이 오지 않을까 봐 걱정스러웠던 거죠. 저는 제대로 준비하면 그런 일이 없을 거라고 설명해주었어요. 전화를 걸어 생일파티 날에 다른 행사가 겹치는지 확인했어요. 초대장도 일찌감치 보내 친구들이 시간을 빼놓게 했고, 올 수 있는지 없는지 답을 달라고 했지요. 결국 올해는 초대받은 친구들이 다 왔고 딸아이는 행복한 시간을 보냈답니다."

이 어머니는 딸이 두려움에 빠지는 대신 그에 맞서 행동해야 한다는 점을 멋지게 가르쳐주었다. 당신이 걱정하는 것은 무엇인가? 자리에 앉아 그저 걱정만 할 것인가, 아니면 어떻게든 행동하겠는가?

**나는 수많은 재앙을 예상하고 괴로워했다.**
**그중 대부분은 실제로 일어나지 않았다.**

마크 트웨인Mark Twain, 소설가


걱정은 결정적인 순간이 닥치기 전에 이미 우리를 소모시킨다. 예를 들어 새로운 직장에 면접을 보러 가야 한다고 하자. 면접일이 다가오면서 여러 가지 생각이 꼬리를 문다. '내가 모르는 걸 물어보면 어쩌지? 전 직장을 왜 그만두었냐고 물으면 뭐라고 대답하지? 전 직장 상사에 대해 말해보라고 하면?' 이렇게 두려움에 매몰되어 면접장에 들어설 즈음에는 이미 다리에 힘이 풀리고 만다. 이래서는 합격 가능성이 높아질 수 없다.

설상가상으로 두려움에 초점을 맞추다 보면 걱정이 점점 더 가속화되고 과장된다. '이 직장을 잡지 못하면 이번 달 대출 이자를 갚을 수 없어. 잘못하면 전기와 가스도 끊길지 몰라. 집을 처분하고 길바닥에 나앉게 되면 어쩌지!'

걱정은 흔들의자와 같다. 움직이고는 있지만 어디로도 가지 못하는 것이다. 이제 더는 흔들의자에 앉아 앞뒤로 움직이지 말고 용감하게 발을 내딛어야 한다. 우선 회사에 전화를 해 정보를 구하라. 기업의 경영 보고서를 입수해 현재 상황을 공부하라. 가능한 모든 질문을 예상하고 답변을 준비해 결정적인 순간에 얼어붙는 일이 없도록 하라. 어째서 당신이 가장 적임자인지 세 가지 이유를 정리해보라. 기업이 어째서 당신을 고용해야 하는지 설명할 준비를 하는 것이다. 두려움에 떨며 아무것도 안 하는 대신에 말이다.

**걱정하지 마라. 얼마나 여러 번 말해야 걱정을 놓겠는가?**
**지금 여기서 자신으로 존재하지 않을 방법은 없다.**

잇큐 소준 一休宗純, 선불교 승려

참으로 위안을 주는 말이 아닌가. 걱정은 실로 무의미하다는 점을 일깨워준다. 걱정은 무익하다. 미리 앞서 걱정하는 데 매달리다 보면 지금 있는 곳, 지금 하는 일을 받아들이고 감사하지 못하게 된다. 미련하게 현재를 버려두고 미래를 예측하는 일로 머리를 채우는 것이다.

자기 입으로도 걱정을 달고 살았다고 말하는 한 어머니의 경우를 보자. 그녀는 쌍둥이 딸들을 혼자 키우면서 자기 스스로도 과잉보호한다고 느꼈지만 달리 어떻게 해야 할지 몰랐다. "저도 어쩔 수가 없다니까요. 성적 걱정, 대학에서 마약을 접하지 않을까 하는 걱정, 학비 걱정 등등. 딸들이 밤늦도록 돌아오지 않으면 공황 상태에 빠져요. 교통사고라도 나서 병원 응급실에 누워 있는 것은 아닌지, 누구한테 끌려간 것은 아닌지 온갖 상상을 다 한답니다."

결국 딸들이 참지 못하고 어머니를 설득했다. "엄마가 걱정하는 건 결국 우리를 믿지 못한다는 뜻 아닌가요? 그렇게 계속 걱정하다 보면 엄마는 몸이 나빠지고 우리는 죄책감을 느끼게 되겠죠. 이제부터는 우리가 제대로 판단해 잘 행동할 거라고 믿어주세요."

어머니도 자기의 과도한 걱정이 결국은 딸들에 대한 집착에서 비롯되었다는 점을 이해했다. 그리고 수련 끝에 뭐가 언제 잘못될지 모른다고 끊임없이 걱정하는 대신 모든 것이 잘 풀릴 것이라 믿는 편을 택했다. 세상을 보는 눈이 달라진 것이다.

"마음을 괴롭히는 사슬을 끊고 걱정을 내려놓은 사람은 행복하다."
로마 시인 오비디우스Ovidius의 말이다. 걱정은 정말이지 크나큰 마음의
사슬이다.

# 불안에 떠는 대신 일어나 행동하라

일이 잘못될 것이라고 계속 말한다면 결국 영험한 예지자가 될 것이다. _아이작 싱어Isaac B. Singer, 작가

불행을 예언하는 사람보다는 행복을 예언하는 쪽이 좋지 않은가? 당신의 걱정거리는 무엇인가? 어떤 일이 닥쳐올 것을 두려워하는가? 당신에게는 당신의 마음을 결정할 힘이 있다. 모든 것이 잘못될 수 있다고 전전긍긍할 수도, 미래에는 눈을 감은 채 편안한 마음으로 현재 이곳의 자신에게 집중할 수도 있는 것이다.

두려움 대신 신뢰하는 마음을 지닐 수 있겠는가? 두려움은 일이 제대로 안 풀릴 것이라는 믿음이라고 한다. 앉아서 불안에 떠는 대신 일어나 행동하라.

---

## 😟 혼란 상태

**두려움에 물러서기**
"내가 당선되지 않으면 어떡하지? 린다 표가 더 많이 나오면 얼마나 창피하겠어?"

**걱정에 사로잡히기**
"린다가 당선되어 나더러 부회장을 하라고 하면? 린다와 함께 일할 수는 없어. 우리는 완전히 반대야."

**의혹**
"이런, 앨리스가 날 쳐다보며 기분 나쁘게 웃잖아. 린다가 당선될 모양이야."

## 😊 집중 수행 상태

**과감히 행동하기**
"난 학부모회 회장이 되고 싶어. 학교를 발전시킬 계획도 이미 많이 세워놓았어."

**걱정을 떨치기**
"다른 학부모들에게 내 계획을 말해야지. 그러면 내 선거운동도 도와주고 나를 당선시켜줄 거야."

**신뢰**
"새로 참석한 부부에게 다가가 인사를 나눠야겠다. 인상이 좋은데?"

# 41 ── 슬픔의 이유가 모호할 때 던져야 할 질문

**문제를 제대로 설명하지 못하는 사람은 해답을 구할 수 없다.**

공자孔子, 사상가

"같은 생각이 반복되는 고리를 끊는 유일한 방법은 스스로 책임 있게 행동하는 것이다." 17세기 철학자 리처드 버튼Richard Burton은 이렇게 말했다. 버튼의 말이 옳다. 그 책임 있는 행동을 조금이라도 먼저 한다면 더욱 좋다. 우울함을 떨쳐내기 위해 빨리 움직일수록 파괴적인 생각의 영향력은 더 빨리 사라진다. 이제부터는 슬프고 처량한 기분일 때 다음과 같은 방법을 동원해보라.

무엇 때문에 마음이 서글픈지 모른다면 그 슬픔에서 벗어나기가 어렵다. 정확히 무엇 때문에 상심하는지 규명해보라. 소중한 누군가가 소식을 전하지 않아서인가? 어머니 기일이어서 슬픈가? 왠지 삶이 허무하다는 생각이 드는가? 원인을 구체적으로 파악하지 못하면 슬픔은 계속 이어질 수밖에 없다.

슬픔의 이유는 분명할 때도 있지만 모호할 때도 있다. 워크숍에 참석한 한 여성은 배우자도 있고 건강한 자녀도 있고 집도 있으며 아무 문제가 없는데도 늘 무기력하고 서글프다고. 하지만 이유는 자기도 알 수 없다고 말했다. 이런 상황이라면 자기 내면을 깊숙이 파헤쳐 들여다봐야 한다. 나는 그 여성에게 다음 질문들을 스스로에게 던져 가장 먼저 떠오르는 대로 대답해보라고 했다.

1 솔직히 고백하건대 내 느낌은 어떤가?
2 솔직히 고백하건대 내 생각은 무엇인가?
3 솔직히 고백하건대 내가 걱정하는 것은 무엇인가?
4 나 스스로를 즐겁게 하려면 무엇을 해야 하는가?
5 스스로에게 무엇이든 허락한다면 무엇을 할 것 같은가?

마음을 열고 질문에 답해본 여성은 젊은 날을 별 의미 없이 보내고 있다는 자책감이 자기 안에 있다는 것을 발견했다. 그런 자책감을 아무도 알아주지 않는다는 점 때문에 다시 상처를 받았고, 이것이 무력감과 슬픔으로 나타났던 것이다. 그러나 이제 원인을 찾았으니 해결할 일만 남은 셈이었다.

**남의 잘못을 기억하며 적개심을 키우기에는 삶이 너무 짧다.**

에밀리 브론테Emily Bronte, 작가

"내가 죽든 말든 아무도 상관 안 해" 혹은 "내가 직장에 나가든 안 나가든 상관없어. 아무도 내가 없는지도 모를걸"이라고 중얼거리고 있는가? 이런 과장된 생각 속에서 부정적인 감정은 점점 더 커져만 간다. 이렇게 상황을 과장하기 전에 정말 그런지 생각을 점검할 필요가 있다.

이럴 때는 "정말 그런가?"라는 짧은 질문을 던져보라. "내가 죽든 말든 아무도 상관 안 한다는 게 정말인가?" 혹은 "내가 직장에 나가든 안 나가든 아무도 모른다는 게 정말인가?"라고. 물론 이들은 대체로 정말이 아니다. 다음으로는 "무엇이 정말인가?"라고 물어라. "내가 남자친구와 헤어졌다는 게 정말이지"라거나 "지난주에 프로젝트 마감 때문에 내내 야근을 했는데도 아무도 그 공을 인정해주지 않았다는 게 정말이야"라는 대답이 나올 것이다. 이렇게 "무엇이 정말인가?"라는 질문은 상황을 객관적으로 보게 만든다.

### 행동은 절망의 해독제이다.

조안 바에즈Joan Baez, 가수

몸을 일으켜 집을 나서라. 집 안에 처박혀 있으면 생각이 자기 내면으로만 향한다. 햇빛을 보지 못하기 때문에 어두운 생각만 거듭하게 된다. 혼자 있으면 점점 더 위축되고 밖에 나가 사람들을 만날 엄두가 나지 않게 된다.

감정을 바꾸려면 행동을 바꾸어야 한다. 하던 일만 계속하면 얻는 것만 계속 얻는 법이다. 물론 쉽지는 않을지 모른다. 감정에 사로잡힌 상태에서 논리는 설득력을 발휘하기 힘드니 말이다.

한 TV 프로그램에서 내가 만났던 어느 중년 부인은 남편이 죽은 후 7년 동안 깊은 슬픔에 빠져 지냈다고 했다. 그녀는 지금도 매일 집에 틀

어박혀 남편을 그리워한다는 것이다. 나는 집 밖으로 나와 사람들과 어울릴 만한 일이 없느냐고 물었다. 부인은 집 근처 서점에서 운영하는 독서 클럽 이야기를 했고 한번 가보겠다고 약속했다. 나중에 소식을 들으니 그 부인은 독서 클럽의 열성 회원이 되었고, 활동의 폭을 넓혀 미술관과 문화센터에서도 자원봉사를 하게 되었다고 한다. 참으로 다행스러운 일이다.


**우리는 세상의 모든 슬픔을 치료할 수 없다.**
**하지만 즐겁게 사는 길을 선택할 수는 있다.**

조셉 캠벨Joseph Campbell, 신화학자


회의론자는 캠벨의 철학에 콧방귀를 뀔지 모른다. 그러나 나는 캠벨에 동의한다. 우리 삶의 모든 슬픔을 제거할 수는 없어도 슬픔보다 기쁨에 초점을 맞춰 살아가겠다는 선택은 분명히 할 수 있다.

기분을 좋게 만드는 가장 빠른 방법 중 하나는 다른 사람의 기분을 좋게 해주는 것이다. 심리학적으로 볼 때 우울은 자기 몰두이다. 자기 삶에서 무엇이 잘못되었는지 생각하는 데만 골몰하는 것이다. 계속해서 실망감을 곱씹는 대신 어떻게 남들에게 베풀고 봉사할지 생각해보자. 마크 트웨인도 이렇게 말했다. "자기를 기쁘게 하는 최고의 방법은 남을 기쁘게 하려 노력하는 것이다"라고.

프랭크 슈넬러라는 분이 있다. 강연 전문가로 막 일을 시작했을 때 내게 커다란 도움을 주었던 멘토이다. 최근에 소식을 전해 들었는데 안

타깝게도 암 투병 중이라고 했다. 나는 근처로 강연을 간 길에 문병차 찾아갔다. 예상과 달리 그는 쾌활한 모습이었다. 그는 평생 열심히 수집했던 조개껍질을 작은 봉지에 나눠 담아 해변의 아이들에게 주는 것이 중요한 일과라고 했다. 예쁜 조개껍질을 받은 아이들이 던지는 탄성과 감사 인사가 자기를 더없이 기쁘게 만든다는 것이었다.

치료가 힘들 텐데 대단하시다고 말했더니 그는 이렇게 대답했다. "내가 불평하거나 한탄하지 않아야 전화가 더 많이 걸려온다네. 힘든 얘기만 늘어놓으면 누가 전화를 하고 싶겠나." 참으로 멋지고 실용적인 철학이 아닌가! 당신도 어려운 시기를 보내고 있는가? 그렇다면 누군가에게 친절을 베풀라. 그 친절을 통해 어려움을 헤쳐 나갈 힘을 얻을 수 있을 것이다.

# 슬픔을 떨쳐내고 싶을 때 행동 요령

물속에 있었다면 수면으로 치고 올라갈 마음조차 나지 않을 정도의 기분이었다. _존 키츠
John Keats, 시인

수면으로 치고 올라갈 마음조차 나지 않다니, 정말이지 우울한 기분이 아닐 수 없다. 이런
상태가 다시 찾아온다면 이제부터는 원인을 명확히 규명하고 생각을 점검한 후 집 밖에서
활동할 궁리를 하라. 그리고 누군가에게 친절을 베풀어 슬픔을 떨쳐내고 수면으로 올라올
계기를 마련하라.

## 혼란 상태

**무엇이 문제인지 모호함**
"이유는 모르겠지만 무엇에도 마음이
내키지 않아."

**자기만의 생각 반복하기**
"내가 아버지처럼 의사가 되느냐,
아니면 못 되느냐…… . 그것만이
전부야."

**무기력한 상태**
"꼼짝하고 싶지 않아. 전화를 걸어
약속을 취소해야겠다."

**극단적인 사고**
"내가 얼마나 괴롭고 힘든지 아무도
관심이 없어. 관심은커녕 눈치도 채지
못하는걸."

## 집중 수행 상태

**무엇이 문제인지 규명하기**
"솔직히 고백하건대 의학을 전공하는
것은 내 적성에 맞지 않아."

**생각을 점검하기**
"내가 의사가 되든 안 되든 부모님은
여전히 나를 사랑하실 거야."

**활력을 찾기**
"일단 집에서 나가자. 학교 상담실에
가서 이야기를 좀 나눠봐야지."

**남에게 친절 베풀기**
"상담사에게 전화를 걸어 조언을
해주어 고마웠다는 인사를 해야겠다."

# 42 — 분노를 그대로 두면 안 된다

**분노는 연료이다. 즉 겉으로 드러나는 행동
그 자체가 아니라 행동의 바탕이 되어야 한다.**

줄리아 캐머런Julia Cameron, 사진작가

분노는 부당하고 불친절하고 부적절한 사물이나 사람에 대한 자연
스러운 반응이다. 건설적으로 표현되기만 하면 분노는 우리의 요구와
권리를 확보하는 중요한 수단이 된다.

그러나 분노를 건설적으로 표현하는 법을 제대로 배우지 못한 사람
들이 참으로 많다. 분노를 부정하기도 하고("난 화나지 않았어!"), 무시하
기도 하고("열을 올릴 이유가 전혀 없어."), 억누르기도 한다.("고함을 질러
대고 싶지만 그건 점잖지 못한 짓이야.") 그 결과 분노가 두뇌 속에 차곡차
곡 쌓여 결국 생각을 지배하고 마음의 평화를 깨뜨리는 지경에 이른다.

이것보다는 "난 원한을 기억하지 않는다. 내 머리에는 본래 남아 있
는 것이 없으니까"라고 말하는 가수 베트 미들러Bette Midler의 태도가 훨
씬 낫다. 원한이나 분노를 마음에 품는 것은 독약을 마시는 것이나 다
름없다. 앞으로는 다음 열거하는 방법들을 통해 분노를 간직하는 대신
유익하게 표현하겠다고 마음먹는 것이 어떤가.

**분노의 순간에 침묵하라.**
**그러면 후회의 날들을 피할 수 있으니……**
중국 속담


분노의 순간에 침묵하라는 것은 생각을 통제하라는 것이 아니다. 머릿속에 생각이 떠오르는 것을 통제할 수는 없다. 다만 그 생각이 얼마나 이어질지 통제할 수 있을 뿐이다. 또한 분노의 순간에 나중에 후회할 말을 상대에게 마구 퍼붓는 대신 입을 다무는 쪽을 선택하자는 것이다. 우리의 목표는 복수가 아닌 문제 해결이 아닌가.

평론가 조지 네이선George Nathan은 이렇게 말했다. "두 주먹을 불끈 쥔 상태로는 누구도 명료하게 생각할 수 없다." 마음이 꼬여버린 상태에서도 명료하게 생각할 수 없다.

분노를 억누르는 대신 표현하는 방법은 상대의 말이나 행동이 우리에게 어떤 영향을 미쳤는지 설명해주는 것이다. "당신이 ○○했을 때 나는 ○○라고 느꼈어"라는 말은 상대가 나의 권리나 감정에 어떤 피해를 입혔는지 알리는 길이다. 예를 들면 "저녁 파티에서 내 대머리를 언급했을 때 나는 모욕당했다고 느꼈어", 혹은 "칠면조 요리가 너무 딱딱해서 씹을 수가 없다고 말했을 때 난 여섯 시간이나 공들여 식사를 준비한 것이 쓸모없는 일이었다고 느꼈어"라고 하는 것이다.

여기서 핵심은 상대의 기분을 망치는 데 있지 않다. 공존을 위한 솔직한 의사소통이 핵심이다. 내 감정을 솔직하게 털어놓고 상대가 자기 행동을 돌이켜보고 반성하도록 만드는 것이 목표이다. 피해자가 될지 말지는 우리 자신의 선택에 달려 있다. 침묵하면서 수동적인 피해자로 남지 말고 상대의 행동이 당신에게 어떻게 다가왔는지 먼저 이야기하라.

그렇다고 지금까지 쌓여온 모든 일을 한꺼번에 쏟아내지는 마라. 그 랬다가는 밤새도록 싸워도 부족하다. 한 번에 하나씩만 해결해야 한 다. "말이 나왔으니 말이지만……" 혹은 "그게 전부도 아니야. 지난주 에……"라는 식으로 말을 이어가지 않도록 조심하라. 지금 당장 일어 난 일에만 집중하길 바란다.


## 과거에 대한 비난이 아니라 미래에 대한 계획이 우리 과제입니다.

존 F. 케네디John F. Kennedy, 전前 미국 대통령


분노를 표현하는 목적은 잘못이 아닌 해결책을 찾는 데 있다. 당신이 어떻게 상처를 입었는지 구구하게 설명하는 대신 앞으로 어떻게 상대 가 적절하게 행동하면 좋을지 제안하라. 상대가 당신의 영역을 침범했 다는 점을 알리고 향후 그런 일이 반복되지 않을 방법을 찾아야 한다.

당신은 남들과 공존하며 살고 있는가, 아니면 질질 끌려다니는가? 갈등은 가능하면 피해야 한다고 배워 여전히 그렇게 믿고 있는가? 정 당한 분노조차도 억누르기만 해 명료하게 사고할 능력을 잃어버렸는 가? 이제부터는 누군가 혹은 무언가에 분노했을 때 적극적으로 해결책 을 모색하라. 그리고 건설적으로 분노를 표현하는 데 집중하자.

분노에 대한 워크숍이 끝난 후 한 참석자가 내게 다가와 고맙다는 인 사를 했다. "5년 전, 동생에게 사업 자금을 빌려주었는데 동생의 사업 이 망하고 말았지요. 돈을 갚겠다는 약속은 받았지만 약속뿐이었습니

다. 저희 형제는 고함을 지르면서 싸웠고 이후 전 동생과 말을 하지 않는 사이가 되었어요. 과거 일에 얽매어 미래를 생각하지 못한 셈이지요. 잘못하다가는 평생 동생과 말을 나누지 않고 지낼 판입니다. 금전적 손해는 제가 감수할 수 있는 수준이니 이제 원망하는 대신 동생을 받아들여야겠어요."

괴테는 "우리가 사랑하는 것이 우리 모습을 결정한다"라고 하였다. 우리가 미워하는 것 역시 우리 모습을 결정한다. 위에 소개한 워크숍 참석자는 미움을 버리고 동생과 평화로운 관계를 다시 회복하기로 결정했다. 당신은 어떻게 할 것인가?

# 건설적으로 분노를 표현하는 법

주변의 모든 것이 혼란스러울 때 침착할 수 있다면 그건 상황을 제대로 파악하지 못했다는 뜻이다. _진 커Jean Kerr, 작가

진 커의 말대로 상황을 제대로 파악하지 못해 침착할 수도 있지만, 상황을 파악한 후 흥분해 봤자 소용없다는 판단을 내렸기 때문일 수도 있다. 부처는 "분노에 사로잡히는 것은 불붙은 석탄을 잡고 다른 사람에게 던지려는 상태와 같다. 결국 그 불에 타들어가는 것은 너 자신이다"라고 하였다.

누군가 때문에 미칠듯이 화가 나는가? 그 화를 억누르느라 머리가 아플 지경인가? 어떻게 머리를 식힐 계획인가? 감정에 사로잡히지 않고 냉철하게 문제를 파악할 수 있겠는가? 과거 일을 들추지 않고 현재의 그 일에만 초점을 맞출 수 있겠는가? 분노를 행동으로 폭발시키지 않겠다고 결심하라. 건설적으로 분노를 표현하고 그것을 넘어서서 더 중요한 문제에 집중 수행할 수 있도록 하라.

## 혼란 상태

**떠오르는 대로 말하고 반응하기**
"넌 바보천치야. 너하고 연애를 하다니 내 일생 최대의 실수라고. 두 번 다시 안 보면 좋겠어."

**상대를 비난해 기분 나쁘게 만들기**
"파티에서 나 혼자 내버려두고 친구들하고 나가면 어떡해? 어쩌면 그렇게 무례하고 이기적일 수 있지?"

**모든 일을 한꺼번에 다루기**
"지난달에 너희 사무실에서 크리스마스 파티를 할 때도 그래. 네가 동료들과 어울려 노는 바람에 난 혼자 있어야 했단 말이야."

**공격을 퍼붓기**
"너는 예의라고는 배우지 못한 거야? 너 자신밖에는 생각하지 못하니?"

## 집중 수행 상태

**반응을 통제하고 입 다물기**
"잠깐만 기다려줘. 지금 입을 열었다가는 해서는 안 될 말이 나올 것 같아."

**상대의 행동에 대한 생각을 객관적으로 알리기**
"네가 갑자기 친구들하고 공 차러 나갔을 때 난 좀 당황했어. 거기서 내가 아는 사람은 너뿐이었잖아."

**한 번에 하나씩 다루기**
"말도 없이 친구들이랑 나가버리면 나보다는 친구들하고 보내는 시간을 더 좋아한다고 생각하게 돼."

**앞으로 원하는 바를 전달하기**
"앞으로는 나한테 미리 말해주고 친구들이랑 나갈 수 있어? 내가 아는 사람이 없으면 나도 너랑 같이 나가도록 해줘. 그럴 수 있지?"

# 43 ── 인생 최대의 위기를 만났을 때

**곤란에 처해서도 꿋꿋하게 행동할 수 있는 것,
이것이야말로 진정 위대한 인간의 특징이다.**

베토벤Ludwig van Beethoven, 음악가

'그저 슬프거나 화나는 것보다 더 심각한 상황이라면 어떻게 하지? 도저히 제정신을 차릴 수 없을 정도로 큰일을 겪고 있는 경우라면?' 자, 당신이 이렇게 인생 최대의 위기를 만났다면 어떻게 할 것인가?

내 친구는 갑자기 쓰러진 시어머니 병간호를 위해 오랫동안 집을 떠나야 했다. 기저귀를 갈고 목욕을 시키고 가끔 관장까지 해드린다고 했다. 몇 달 동안이나 방치되어 있던 시어머니의 집을 청소하고 자동차며 신용카드를 정리하기도 했다. 호시탐탐 어머니의 예금을 노리는 시누이나 시동생들과 갈등도 겪었다.

그런가 하면 남편이 인터넷에서 만난 여자를 찾아 떠나는 바람에 22년간의 결혼생활이 위기에 처한 부인도 있다. 인생을 가치 있게 살기 위해 무언가를 해보고 싶지만 남편의 반대로 집에만 묶여 있는 부인도 있다. 2년 동안 이혼 소송을 거치면서 온갖 추악한 꼴을 다 봐야 하는 경우도 있다.

이렇듯 인생의 위기 앞에서 엄청난 스트레스에 시달리면서 하루하루 살아가는 사람들은 얼마든지 많다. 그중 한 명은 내게 이렇게 말하기도 했다. "행복이니 뭐니 그런 건 바라지도 않아요. 전 그저 어떻게든 산산조각 나지 않고 하루를 버티자는 생각뿐이에요."

### 글이 제대로 써지지 않을 때
### 나는 정원으로 나가 마음이 정리될 때까지 잡초를 뽑는다.
어빙 스톤Irving Stone, 작가

인생의 위기가 찾아왔을 때 우리는 어떻게 마음을 정리할 수 있을까? 상황에 압도되었을 때 집중 수행할 방법은 무엇일까? 어딘가로 숨어들고 싶다는 생각이 들지도 모르지만 대부분의 사람에게 그건 가능한 일이 아니다. 어떻든 간에 직장에 나가고 맡은 일을 책임지고 해내야 하는 입장일 테니 말이다.

지금 겪고 있는 큰일 때문에 산란한 마음을 다잡아 맡은 임무에 집중하는 것은 결코 말처럼 쉽지 않다. 다음 장에서는 세상을 버리고 숨고만 싶을 때 다시금 마음을 정리할 방법들을 제안할 것이다. 건전한 탈출구라 부를 만한 방법들이다. 감정을 추스르지 못할 때 우리는 흔히 술, 음식, 잠, 텔레비전, 약물 등에 빠지곤 한다. 하지만 이는 건전한 탈출구가 아니다. 일시적으로는 마음이 정리되는 것처럼 보여도 곧 그로 인한 새로운 문제들이 일어나기 때문이다. 세상이 무너질 것 같을 때도 우리는 다시 세상과 우리 자신을 일으켜 세우는 건전한 해결책을 찾아야 한다.

이 방법들을 나는 구명정이라 부르겠다. 제정신을 잃지 않도록 우리를 붙잡아주는 구명정이다. 이 구명정을 통해 마음을 다잡고 집중 수행하여 다시 세상과 마주설 수 있기를 바란다.

# 44 —— 뭘 해야 할지 모를 때 해야 할 일

**질서는 아름다움의 바탕이다.**

펄 벅Pearl Buck, 작가

질서는 또한 분별력의 바탕이기도 하다. 나는 이 책에 개인사를 넣어도 될지 한참 고민했지만 결국은 그러기로 했다. 더 솔직한 책을 만들고 싶었고, 내가 겪어온 일을 나눔으로써 이 책의 의미가 더 커질 것이라 생각했다.

집중 수행에 대한 이 책을 쓰는 동안 내가 48년의 인생에서 가장 큰 혼란을 겪었다는 점은 참으로 역설적이다. 앞서 2년 동안 고통스러운 이혼 과정을 거쳤다고 했던 사람이 바로 나다. 마음의 평화니 집중이니 하는 주제로 글을 쓰고 있었지만 사실 나는 제대로 일상을 살아가기가 힘들 정도였다. 그래서 이 책에 담긴 위로와 격려가 가장 필요한 상황이었다.

인생 최대의 위기를 겪으면서 내가 제일 먼저 배운 것이 무엇이었을까? 뭘 해야 할지 도무지 알 수 없을 때는 잘 아는 일을 하라는 것이었다. 그것이 최고의 집중 수행 방법이다. 삶이 불확실할 때 우리는 단순하고 분명한 것을 찾아 빠져들 필요가 있다. 그 단순한 일에 몰입하면 심리적인 소용돌이에서 빠져나올 수 있다. 무질서한 세상에서 벗어나 질서를 체험할 수도 있다.

'어떻게 이런 일이 있지?'라는 생각에 손가락 하나조차 꼼짝할 수 없었던 어느 날, 나는 문득 아들들을 쳐다보았다. 그리고 그렇게 주저앉아 있는 것이 내게도, 아이들에게도 도움이 되지 않으며 그 무엇도 해결해주지 않는다는 사실을 깨달았다. 그때 가슴 한구석에서 "네가 잘 아는 일을 해"라고 속삭였다. 그 순간 내가 할 일은 아들들과 수영장에서 공 던지기를 하며 노는 것이었다.

우리는 곧 수영복과 공을 챙겨 수영장으로 갔다. 그리고 아무 걱정근심 없는 편안한 시간을 보냈다. 깔깔거리며 온전히 놀이에 몸을 맡겼던 것이다. 그 시간 덕분에 나는 며칠, 몇 주간 이어지는 불쾌한 일들을 견뎌낼 힘을 얻었다. 다 포기하고 싶은 생각이 들 때면 수영장에서의 행복한 시간을 떠올리며 무엇이 제일 중요한지 재확인했다.

당신이 잘 아는 일은 무엇인가? 변호사인 내 친구는 힘든 재판이 끝나고 나면 과자를 굽곤 한다. 몇 시간 동안 '초콜릿 쿠키향 치료'를 받는 것이다. 친구는 할머니가 만들어주시던 대로 과자를 굽고 그 향내를 맡다 보면 즐거웠던 기억이 떠오른다고 한다. '냄새는 수천 킬로미터의 거리와 수십 년의 시간을 뛰어넘게 하는 마법사'라고 했던 헬렌 켈러의 말을 몸소 체험하는 셈이다. 또 다른 친구는 피아노를 연주한다. 괴로운 일이 있을 때면 라흐마니노프로 감정을 쏟아내고 쇼팽으로 마음을 진정시킨다는 것이다.

**함께 있으면 든든한 사람,**

**그 앞에서는 소리 내어 생각해도 좋을…….**

랄프 왈도 에머슨Ralph Waldo Emerson, 작가


친구란 함께 슬퍼할 수 있는 사람, 그 앞에서는 우리 마음속 모든 것을 털어놓을 수 있는 사람이다. 우리는 늘 강한 사람이 되어야 한다고, 어려운 시기가 닥쳐오면 이를 악물고 견뎌내야 한다고 교육 받았다. 하지만 삶의 상처를 모두 그런 식으로 처리하려 들면 미처 배출되지 못한 감정이 머리와 가슴에 쌓여간다. 그리고 상처와 슬픔, 분노, 스트레스가 계속 쌓인 끝에 결국 적절치 못한 때 적절치 못한 방법으로 폭발하는 일이 발생하고 만다.

속마음을 시원하게 털어놓으면 분명히 심리적 부담이 줄어든다. 친구에게 모두 말해버렸던 때를 떠올려보라. 안도감과 안정감이 찾아오지 않았는가? 친구가 군이 조언을 해주지 않아도 좋다. 그저 들어주기만 하면 그만이다. 그렇게 실컷 떠들고 나면 새로운 사람으로 다시 태어난 기분이 된다. 사실이 그렇다! 답답하게 쌓여 있던 것을 후련하게 풀어내고 다시 자유로운 기분으로 살 수 있게 되는 것이다.


**개들은 만사를 잊어버리게 하는 훌륭한 놀이 파트너이다.**

헨리 워드 비쳐Henry Ward Beecher, 신학자


개, 고양이, 그 외의 다양한 애완동물과 함께 어울리면서 계속 찌푸

린 표정을 짓고 있기란 불가능하다. 개와 함께 달리기를 하거나 무릎에 올려놓고 쓰다듬어보라. 어느새 그전까지의 괴로운 일을 잊고 편안한 기분이 되어 있을 것이다. 사랑하고 노는 것밖에 모르는 동물을 보면서 잠시나마 즐거움을 느끼는 것이다.

이건 내 생각만은 아니다. 혁신적인 병원이나 요양원에서는 애완동물 방문을 허용한다. 내 친구는 딸아이가 수술받기 전날, 집에서 키우는 강아지를 데려가 만나게 해주었다. 수술 때문에 불안해하던 아이는 강아지를 보는 순간 얼굴이 환해지면서 자기가 어디 있는지 다 잊어버리고 즐거운 한때를 보냈다고 한다.

"달리기는 즐거운 스포츠이다. 전화나 상사 등 일상의 스트레스에서 벗어나게 하는 해방구이기도 하다."《달리기에 대한 완벽한 책》의 저자 짐 픽스Jim Fixx의 말이다. 압박감을 더 이상 참을 수 없게 되는 순간 운동화를 신고 나선다는 사람들도 적지 않다. 달리는 동안에는 다른 생각을 하지 않으므로 일시적으로 문제에서 탈출하는 셈이다. 달리기가 아니더라도 배구, 수영, 테니스 등 격렬한 스포츠는 모두 마찬가지 효과를 낸다. 유산소 운동을 통해 도달하는 신체적 낙원은 일상적으로 파묻혀 있던 정신적 지옥과 극명하게 대비될 것이다.

# 45 ── 마음이 할 수 있는 것에
## 초점을 맞춰라

**웃어넘길 수 있는 일은 견뎌낼 수 있다.**

어마 봄벡Erma Bombeck, 작가

이혼 소송에서 나를 대리했던 변호사는 유머 감각이 뛰어난 사람이었다. 얼마나 다행스러운 일이었는지 모른다. 그는 나쁜 소식을 알리는 전화를 걸어올 때면 기발한 농담을 먼저 던져 날 웃겨주었다.

'말도 안 되는 소릴 하는군! 내가 겪는 일은 도저히 웃어넘길 수 없는 종류라고!' 혹시 이런 생각이 드는가? 물론 그럴 수 있다. 그런데 수많은 의사들이 유머의 치료 효과를 인정하고 있다는 점은 어떻게 보는가? 삶과 죽음이 왔다 갔다 하는, 그야말로 극단적으로 심각한 상황에서도 말이다. 의사 노먼 커즌즈Norman Cousins의 책《질병의 해부학Anatomy of an Illness》은 웃음 치료의 개념을 처음으로 제안했다. 유머 영상과 도서를 통해 환자들이 많이 웃게 되자 엔도르핀 분비가 늘어나 신체적, 심리적 고통이 줄어들었다는 것이다.

이밖에 사람들로 꽉 찬 비행기에서 소란스럽게 뛰어다니던 다섯 살짜리 소년에게 소리를 지르거나 손찌검을 하는 대신 "밖에 나가서 놀게 해줄까?"라는 한마디로 상황을 해결한 스튜어디스의 이야기는 도전적인 상황을 어떻게 유머로 부드럽게 넘길 수 있는지 잘 보여준다.

**의사가 내게 반년밖에 못 산다고 하면**
**나는 좀 더 빨리 타자기를 두드릴 것이다.**
아이작 아시모프Isaac Asimov, SF 작가

"아버지가 돌아가신 후 마음을 잡을 수 없었어요. 슬픔에만 빠져 있었지요. 그때 제게 탈출구가 된 것이 일이에요. 제가 잘하는 일로 누군가에게 기여한다고 느끼면서 서서히 무력감에서 벗어났지요." 나의 워크숍에 참석한 한 여성의 말이다.

일에 몰두하는 것, 특히 이 여성의 사례처럼 무언가 변화를 가져올 수 있는 일을 하는 것은 상처 입은 영혼을 달래준다. 다만 일중독으로 빠져서는 곤란하다. 마음을 달래기 위해 일시적으로 일에 몰두하는 것은 권할 만하지만 장기적으로 간다면 건강하지 못한 방법이 될 수도 있다.

**내 관심을 끌기 위해 경쟁하는 것들이 많다.**
**나는 각각을 마음의 서랍에 넣고 한 번에 서랍 하나씩만 연다.**
나폴레옹 보나파르트Napoleon Bonaparte, 프랑스 군인, 황제

고통과 상처에 짓눌려 두뇌가 제대로 돌아가지 않는 상태라면 그 고

통과 상처를 차단해 당장의 책임을 다할 수 있게 해야 한다.

이를 위해 당신도 나폴레옹처럼 마음속에서 경쟁하는 것들을 서랍에 넣어보라. 아이가 병원에 입원한 상황에서 직장에 출근한 상태라면 마음과 협상을 해야 한다. "몇 시에 아이에게 전화를 걸어야지. 하지만 다음 한 시간 동안은 이 보고서 작성에 100% 주의를 집중하겠어." 혹은 "점심시간에 병원에 다녀와야지. 그러니까 11시 30분까지는 이 서류 처리를 끝내야 해"라고 말하는 것이다.

누누이 강조하지만 이때 마음이 할 수 있는 것에 초점을 맞춰야 한다. 하지 말아야 한다고 말하게 되면 마음은 곧 반항하게 된다. 무언가에 대해 생각하지 말자고 말할수록 그 무언가는 더 깊숙이 뇌리에 자리 잡는다.


**극도로 지쳤을 때, 내 영혼이 종잇장처럼 얇게 느껴질 때,
나는 글을 쓸 수밖에 없다.
글을 쓰다 보면 어느새 모든 것이 바뀌어 있다.**

조이스 캐롤 오츠Joyce Carol Oates, 작가


당신의 영혼이 종잇장처럼 얇게 느껴진다면 공책을 꺼내 글쓰기를 시작하라. 좋은 생각, 싫은 생각, 추악한 생각을 모두 적어 내려가는 작업은 유해한 생각을 몰아내는 효과적인 길이다. 말을 꾸미지 말라. 대문호 흉내를 낼 필요는 없다. 그저 안에 있는 것을 밖으로 끄집어내면 족하다.

우는 소리를 잔뜩 늘어놓게 될까 봐 걱정할 필요는 없다. 이기적이니 불친절하니 하는 비판을 들을 걱정을 조금도 하지 않고 느낌을 그대로 털어놓을 수 있는 방법은 개인적인 글쓰기뿐일지도 모른다. 어쨌든 우리는 영혼을 좀먹는 유해한 생각을 어딘가에 내려놓아야 한다. 사람을 미워하는 건 안 된다지만 실제로 우리는 누군가를 미워할 만큼 미워한다. 아름답지 못한 온갖 생각도 한다. 그런 부정적인 것들을 그저 무시하며 마음속에 쌓아놓으면 결국 생각이 꽁꽁 묶여버린다. 반면 손끝으로 생각과 감정을 풀어내면 건설적으로 사고할 여유 공간이 조금씩 생겨난다.

작가 에리카 종Erica Jong은 "써놓은 것을 보지 않는다면 내가 무슨 생각을 하는지 어떻게 알 수 있는가?"라고 반문한다. 어서 종이와 연필을 집어 들어라. 지금 당장 솔직한 감정을 털어놓아라. 편집이나 검열은 필요 없다. 어차피 당신 외에는 읽을 사람이 없으니 말이다.

시간이 없다고? 글 쓰는 데 몇 분을 내는 것과 머릿속을 가득 채운 감정들과 몇 시간을 씨름하는 것 중에 무엇이 더 집중 수행에 도움이 된다고 보는가?


**목표, 그리고 목표를 향한 노력이 없다면 인간은 살아갈 수 없다.**

도스토예프스키|Fyodor Mikhailovich Dostoevskii, 소설가


사랑할 누군가가, 그리고 그 누군가를 보살피려는 노력이 없다면 살아가는 일은 훨씬 힘들어진다. "청구서가 산더미처럼 쌓이고 작업 마

감 기일은 하루하루 다가오는 상황에서 당장이라도 포기하고 싶을 때 전 딸아이 얼굴을 떠올려요. 제가 삶을 포기해버리면 딸아이는 어떻게 될까요? 그건 도저히 받아들일 수 없는 미래니까 전 다시 힘을 냅니다." 한 여성의 고백이다.

당신의 존재 이유, 살아가는 목적은 무엇인가? 정신적으로 지쳤을 때 사랑하는 누군가를 떠올려보라. 다시 전진할 힘을 얻게 될 것이다.

# 46 ── 행복의 문 하나가 닫히면
## 다른 문이 열린다

**나는 슬픔과 아픔 대신 아직도 남아 있는**
**아름다움에 대해 생각한다. 밖으로, 들판으로 나가**
**자연과 햇빛을 느끼면 행복을 다시 되찾을 수 있다.**
**아직도 내 안에, 내 주변에 남은 아름다움을 생각하고 행복해하라.**

안네 프랑크Anne Frank

안네 프랑크는 참으로 강인하고 용감한 소녀이다. 차마 말로 표현하지 못할 정도로 끔찍한 상황에서도 아름다움을 선택하는 모습이 감동적이다.

지금 이 순간, 내 컴퓨터 옆에는 아름다운 장미 한 송이가 놓여 있다. 나는 가끔 시선을 들어 그 완벽한 아름다움에 감탄한다. 누구나 힘겨운 순간에는 극단적인 생각에 빠지기 쉽다. 육체적으로 고통스럽다면 온 세상이 그 고통으로 축소되고 만다. 심리적인 고통 역시 마찬가지다. 그 고통 외에는 세상의 그 무엇도 눈에 들어오지 않는다. 세상의 좋은 것과 바른 것을 잊고, 나쁜 것과 잘못된 것에만 초점을 맞추는 것이다.

이 때문에 의식적으로 우리 주변에 있는 아름다움을 끼워 넣는 것이 중요하다. 좋은 것이 여전히 존재한다는 점을 일깨워주는 단서로 말이다. 부처는 이렇게 말했다. "꽃 한 송이의 기적을 바라볼 수 있다면 우리 삶 전체가 바뀐다."


## 모든 경험은 영혼의 교육이다.

선불교 명언


자기 연민은 최악의 적이라고들 한다. 스스로를 불쌍하게 여기면 무력감이 커지고 결국 문제가 영속화된다는 것이다. 실제로 우리에게 일어난 재앙에 초점을 맞출수록 우리 자신은 세상에서 가장 억울하고 무력한 피해자가 되고 만다.

자, 어떤 일을 겪든 거기에는 이유나 목적이 있다고 생각하면 어떨까? 우리는 배우기 위해 이 세상에 왔고, 세상에서 겪는 모든 일은 조금 더 현명해지기 위한 기회라고 말이다. 그러면 "왜 나야?"라고 우는 소리 하는 대신 '자, 이번엔 내 차례구나'라고 생각할 수 있다.

칼릴 지브란Kahlil Gibran은 "겨울의 심장에는 봄이 꿈틀거린다. 밤의 장막 뒤에는 미소 짓는 새벽이 있다"라고 하였다. 우리 역시 겨울 속에서 봄을, 밤 뒤에서 새벽을 볼 수 있으면 모든 것이 더 좋아지지 않겠는가.

사고로 사랑하는 가족을 잃었는가? 그런 상황이 닥치는 것은 우리 소관이 아니다. 우리는 다만 그 상황에서 어떻게 대응할 것인지를 선택할 수 있다. 신을 원망하고 저주하는 것은 건설적이지 않다. 아무것도 바꾸지 못하며 분노와 아픔만 안겨준다. 그 상황에서 무엇을 배우고 어떻게 행동할지 생각하면 어떻겠는가!

**나는 책 읽기를 그만두었다.**

**마음이 자꾸 딴 데로 가기 때문이었다.**

오스카 레반트Oscar Levant, 피아니스트


마음이 딴 데로 간다는 것, 바로 그것이 핵심이다. 크나큰 상실감이나 슬픔에 사로잡힌 사람들에게는 그 감정을 잠시라도 잊어버릴 유일한 방법이 독서일 수 있다. 다른 세계에 몰입하는 것이다. 힘든 순간에 좋아하는 작가의 책을 펼치고 위안을 얻어보는 것이다.

나와 걷기 운동을 함께하는 친구가 있다. 아들이 우울증으로 자살한 이후 친구는 좋은 글귀를 모은 책들을 탐독하고 있다. "책이 없었다면 난 미쳐버리고 말았을 거야. 어째서 진작 눈치채고 조치를 취하지 못했을까 스스로를 자책하면서 눈물로 시간을 보냈을 테니까. 이제 책 덕분에 중심을 잡을 수 있어. 오래전부터 전해 내려온 지혜의 말씀들을 읽으면 마음이 가라앉거든. 특히 좋은 말씀은 옮겨 적어서 집 안 곳곳에 붙여두었어."

이 친구는 "자기가 살아가는 감정의 우주가 어떤 색깔일지, 어떤 날씨일지 결정하는 것은 바로 자기 자신이다"라고 한 대주교 풀턴 쉰Fulton J. Sheen의 말을 이미 실천하고 있다. 다행이다. 삶을 긍정할 수 있도록 용기를 주는 책은 이 세상에 얼마든지 많으니 말이다.

## Action Plan

# 세상이 무너질 때 다시 나를 일으켜 세우는 법

인간에게서 결국 빼앗을 수 없는 단 한 가지는 자유, 그 어떤 상황에서도 자기 행동을 선택할 수 있는 자유이다. _빅터 프랭클Victor Frankl, 나치 수용소 생존자, 심리학자

당신의 아픔은 무엇인가? 어떤 위기 상황에 처해 있는가? 오늘 자신에게 어떤 제안을 해보겠는가? 어떤 단계를 거쳐 당장 모든 것을 포기하고 싶은 마음을 다잡겠는가?

빅터 프랭클 외에도 비슷한 말을 남긴 사람들이 많다. 프랑스 작가 생텍쥐페리Antoine De Saint Exupery는 "사물의 의미는 사물 그 자체가 아니라 사물을 바라보는 우리 태도에 있다"라고 하였고, 역경을 이겨낸 인간의 상징인 헬렌 켈러는 "행복의 문 하나가 닫히면 다른 문이 열린다. 다만 우리는 닫힌 문을 바라보느라 새로 열린 문을 보지 못한다"라고 하였다.

당신도 닫힌 문만 바라보지는 않는가? 잃어버린 것을 생각하느라 할 수 있는 것을 놓치고 있지는 않은가? 마음의 눈을 크게 뜨고 구명정을 붙잡아라.

---

### ⓕ 혼란 상태

**무엇을 해야 할지 모름**
"모든 일이 뒤죽박죽이야. 어떻게 다시 상황을 정리해야 할지 모르겠어."

**이를 악물고 버티기**
"혼자서 이겨내야 해. 사람들은 내 하소연을 듣고 싶어 하지 않아."

**문제를 잊지 못하기**
"그 여자한테 너무 화가 나서 상황 판단이 안 돼. 절대 용서하지 않을 거야."

**정신적 지옥**
"계속 같은 생각을 반복하게 돼. 왜 좀 더 주의를 기울이지 못했지? 이런 일이 일어나리라는 걸 알았어야 했어."

### ⓕ 집중 수행 상태

**아는 일을 하기**
"정원으로 나가 잡초를 뽑고 허브를 좀 심어야겠어."

**공감해주는 친구에게 털어놓기**
"부정적인 생각을 떨쳐내야 해. 친구한테 내 얘기를 들어줄 시간이 있는지 물어봐야겠다."

**애완동물과 어울리며 문제를 잊어버리기**
"메리와 공원에 가서 산책을 하자. 그럼 내 마음도 편해질 거야."

**신체적 낙원**
"운동하러 가서 잠깐이라도 머리를 비워야지. 땀을 흠뻑 흘리면 정신도 깨끗해질 거야."

**일을 좀처럼 시작하지 못함**
"이런 말도 안 되는 상황에서 어떻게
일에 집중할 수 있겠어?"

**정신적 혼란**
"딸이 병원에 입원했는데 이
청구서를 처리해야 하는 거야?"

**포기할 이유만 많음**
"누가 봐도 이건 과도한 일이야.
부담은 점점 커지고 상황이 나아질
기미는 보이지 않아."

**삶은 고통일 뿐이라고 생각하기**
"이토록 부당한 일이 나한테
일어나다니. 정말이지 살기 싫어."

**자기 연민에 빠지기**
"하필이면 왜 나야? 난 잘못한 것도
없는데. 억울해."

**일에 몰입하기**
"이 서류 작업에 집중하겠어. 그러다
보면 마음도 정리될 거야."

**격리와 차단**
"10시에 딸을 보러 가겠어. 그러니까
다음 한 시간 동안은 청구서 처리를
하는 거야."

**계속할 의미를 찾기**
"포기해버리면 우리 아들들은 어떻게
되는 거야? 자, 힘을 내자."

**삶은 아름다움으로 가득 차 있다고
생각하기**
"지칠 때면 장미를 바라볼 거야.
그러면 세상을 다시 보게 되니까."

**모든 일에 목적이 있다고 생각하기**
"이 일에서 뭘 배울 수 있지? 세상에
가치 없는 경험은 없어."

# conZentrate

현재 이곳이 중요하다! 이 책에서 딱 하나 핵심을 짚는다면 바로 이것이다. 우리가 찾는 행복, 열망하는 삶은 언제 어디서든 가능하다. 현재 이 순간에 마음을 쏟고 온전히 경험하기만 한다면 말이다. 어떻게 해야 할 것인가? 이 장에서는 함께 그 방법을 찾아보자. 이를테면 압박이 가해지고 스트레스를 받는 상황, 미친 듯한 속도로 모든 것이 내달리는 상황에서도 자기를 중심에 놓기 위한 여러 가지 아이디어를 소개할 것이다.

*conzentrate*

TRACK
**7**

# 집중력,
# 마법을 부리다

'너 자신을 알라'보다 더욱 중요한 것이 '지금 이 순간을 알라'이다.

_멜 브룩스Mel Brooks, **영화감독**

# 47 —— 나는 '지금, 여기'에 있다

**지금 현재 우리는 여기 있다.**
**그걸 넘어선 인간의 지식은 모두 쓰레기다.**

헨리 멘켄Henry Mencken, 문예비평가

현재 이곳이 중요하다! 이 책에서 딱 하나 핵심을 짚는다면 바로 이 것이다. 우리가 찾는 행복, 열망하는 삶은 언제 어디서든 가능하다. 현재 이 순간에 마음을 쏟고 온전히 경험하기만 한다면 말이다.

어떻게 해야 할 것인가? 이 장에서는 함께 그 방법을 찾아보자. 이를 테면 압박이 가해지고 스트레스를 받는 상황, 미친 듯한 속도로 모든 것이 내달리는 상황에서도 자기를 중심에 놓기 위한 여러 가지 아이디어를 소개할 것이다.

블레즈 파스칼Blaise Pascal은 "삶의 악은 필요한 때 가만히 방에 앉아 있 지 못한 탓에 생겨나곤 한다"라고 하였다. 서두름과 불행은 닭과 달걀 처럼 연결되어 있다. 우리는 여기저기 뛰어다니는 탓에 불행한가, 아니 면 불행하기 때문에 여기저기 뛰어다니는가? 알 수 없는 일이다. 다만 중요한 것은 속도를 늦추고 나름의 길을 찾는 것이다.

철학자들은 바깥에서 행복을 찾는 인간의 속성에 고개를 젓는다. 어쩌면 우리는 냇물에 발을 담근 채 목말라 죽어가는 상황인지도 모른다. 마음의 평화와 만족은 우리 내면에 있다. 다음 네 가지 길을 통해 지금 이 순간의 평화와 만족을 발견해보자.

**재촉 받는 상황이 되면 난 늘 이렇게 말한다.**
**"나도 최고 속도를 내고 있어요. 다만 그 속도가 좀 느릴 뿐이에요."**
글렌 포드Glenn Ford, 배우

많은 이들은 글렌 포드와 반대로 속도가 좀 더 빠를 것이다. 세 자녀를 키운다는 어느 어머니는 "속도를 늦출 수가 없어요. 할 일이 너무 많거든요. 속도를 늦추면 바로 뒤처져 영원히 따라잡을 수 없게 될 거예요"라고 말했다. 잠시 멈춰 생각을 해보면 자신을 따라잡는 유일한 방법이 허둥지둥하는 삶을 중단하는 것이라는 점이 분명해진다. 그렇게 어려운 일도 아니지 않은가? 그러나 우리 대부분에게 실은 그것이 퍽 어려운 일이다.

자리에 앉아 아무것도 하지 않았던 때를 떠올려보라. 자리에 앉았다면 신문을 읽거나 식사를 하기 위해서였으리라. 아니, 한 가지만 하는 경우도 드물다. 아침을 허겁지겁 삼키면서 TV 뉴스를 보고, 점심을 먹으면서는 잡지를 뒤적이며, 저녁은 집까지 운전해가면서 차에서 대충 해결하는 상황이니 말이다. 이렇게 동시에 여러 가지 일을 하고 있으니 아무것도 하지 않는 상태는 상상하기도 어렵다. 늘 할 일은 많고 시간은 없으니 두세 가지를 한꺼번에 해치워야 한다. 그러면서 왜 이렇게 스트레스가 쌓이는지 궁금해하고 고단해한다.

이 상황에서 벗어나려면 정확히 반대로 행동해야 한다. 오늘부터는 자신만을 위한 시간을 떼어놓아라. 레오 톨스토이Leo Tolstoy는 "행복해지고 싶다면 그저 존재하라"고 했다. 할 일도, 느끼거나 생각할 거리도 없이 조용히 앉아 있는 것이 목적이다. 5분 동안 머리를 비워보라. 압박에서 해방되는 것이다. 두뇌는 이제 자유롭게 원하는 대로 움직일 수 있다. 마음도 차츰 자유로워진다.

처음에는 당신의 마음이 그 행운을 믿지 못하고 움츠러들지도 모른다. 그러다가 서서히 기지개를 켜고 점차 자유를 만끽하게 될 것이다. 무엇을 하고 생각하고 말해야 할지 통제되고 지시받는 일상과는 전혀 다른 상태이다. 그렇게 잠깐이라도 마음을 해방시켜주면 에너지가 충전되어 다시 일할 준비가 될 것이다.

"바쁘고 시끄러운 생활 속에서 휴식을 갖고 자신 내부로 고요히 들어가야 한다." 서부 개척자 윌리엄 펜의 말이다. 그 휴식이 저절로 찾아오리라 기대하지 마라. 하루를 시작하기 전에 아침마다 5분 정도 앉아서 아무것도 하지 않는 시간을 확보하라.

**주의를 기울이지 않으면 사랑스러운 것들이**
**매일 수없이 당신 곁에서 사라지고 만다.**

이블린 언더힐Evelyn Underhill, 영성 작가

나는 매일 저녁 두 아들이 잠들기 전에 등을 쓸어준다. 몇 분 동안 그

렇게 함께 하루를 정리하고 밤 인사를 나누는 것이다. 하지만 간혹 그 시간까지도 나의 일이 안 끝나는 경우가 있다. 지난해 어느 저녁에는 두 아들의 등을 쓸어주면서도 머릿속으로는 다음날 떠나게 될 강연 여행 생각뿐이었다. '제대로 준비물을 챙겼나? 항공권을 지갑에 넣었던가?' 이렇게 챙겨야 할 것에 신경을 쓰다 보니 몸은 아들 곁에 있어도 마음은 천리만리 떨어져 있었다고 해야 할까?

다음 순간 두 아들의 얼굴에 시선이 닿으면서 나는 화들짝 놀라 잡념에서 벗어났다. 더할 나위 없이 귀한 두 아들의 존재가 갑자기 눈에 들어온 것이었다. 나는 아이들의 얼굴을 구석구석 바라보고 머리카락을 쓰다듬었다. 건강하고 똑똑하고 호기심 많은 두 소년이 내 인생에 얼마나 큰 축복인지 새삼 다시 생각했다. 평범한 일상은 그 순간 기적으로 변했다.

그 커다란 차이를 만들어낸 것은 무엇이었을까? 내가 주의를 기울여 바라보았다는 것이다! 내가 걱정거리를 내려놓고 온전히 바라보자마자 나와 아이들 사이에는 다리가 놓이고 유대가 생겨났다. 당신은 어떤가. 당신 곁의 사랑하는 사람을 제대로 바라보고 있는가? 같은 집에 살면서도 주의를 기울여 바라보지 않은 지가 오래된 것은 아닌가? 잠시라도 다른 생각은 제쳐두고 그 사람의 얼굴을 바라보라. 그와 함께 살아간다는 기적을 다시 확인하라.

# 48 ── 움직이는 가운데 멈춰 있는 법

**서두르는 사람은 썩 문명화되었다고 할 수 없다.**

윌 듀런트Will Durant, 철학자

슈퍼마켓 계산대 앞에서 줄 서 있을 때였다. 내 앞의 어느 할머니가 카트에서 물건을 하나씩 꺼내면서 계산원과 잡담을 주고받았다. 나는 서둘러 계산을 끝내고 가야 하는 상황이었으므로 꾸물거리는 할머니 한테 슬금슬금 화가 났다.

하지만 다음 순간 일흔이 넘은 할머니에게 고작해야 2, 3분 정도를 할애할 여유도 없는가 하는 생각이 들었다. 이 얼마나 야박하고 이기적인 심리란 말인가! 나는 뒤에서 화내고 서 있는 대신 물건들을 꺼내는 일을 도왔다. 누가 알겠는가? 관절염이나 신경통 때문에 느리게 움직이고 계실지도 모른다. 슈퍼마켓에 오는 것이 할머니의 유일한 소일거리일 수도 있다. 아니, 그 할머니는 서두르는 것이 마음의 낭비일 뿐이라는 점을 가르쳐준 선생님일 수도 있었다.

작가 번 매클레런McClellan은 '야망이란 앞서가야 한다는 강박이자 고통'이라고 하였다. 나는 내 강박에 사로잡혀 할머니의 입장에 공감할 생각을 하지 못하였다. 서둘러 다른 곳에 가기 위해 그 순간 내가 있던 곳에 충분히 존재하지 못했던 것이다. "걸을 때, 먹을 때 그 순간에 존재하라. 그렇지 못하면 삶을 놓치고 만다"라고 한 부처의 말을 기억하자.

## 개들은 멋지게 살아간다.
## 손목시계를 찬 개는 없으니까.

조지 칼린George Carlin, 배우

시계를 자주 볼수록 강박은 더 심해진다. 우리 대부분은 시계에 맞춰 살아간다. 언제 일어나야 할지, 언제 집을 나서야 할지, 언제 직장에 도착해야 할지 등등. 몇 분 단위로 짜인 이 일상이 꼭 필요하다 해도 가끔은 해방될 필요가 있다.

주중 하루를 정해 시계를 풀어버리고 탁상시계도 벽 쪽으로 돌려버리자. 감각과 생체 리듬에 맞춰 하루를 지내보라. 눈이 떠지면 일어나고 밥도 먹고 싶을 때 먹어보라. 준비가 되면 집에서 나가라. 시계의 통제에서 벗어난 자유를 마음껏 즐겨라.

아마 당신은 "도저히 그럴 수가 없어요. 할 일이 너무 많다고요. 일어나서 다시 누울 때까지 한시도 쉬지 못한다니까요"라고 항의할지 모르겠다. 바로 그것이 문제이다. 에리히 프롬Erich P. Fromm은 "우리는 너무 바쁘다. 마음에 담고 있는 것이 너무 많아 더 이상 아무것도 느끼지 못한다"라고 하였다. 사실 바삐 달려가는 삶이라고 해서 특별한 도착지가 있는 것은 아니다. 이제 현실을 인식해야 한다. 그래서 나는 다만 몇 시간 동안만이라도 시계를 보지 말자고 제안하는 것이다.

## 감각을 찾으려면 마음을 비워야 한다.

프릿츠 펄스Fritz Perls, 심리 치료 전문가

마음을 고요히 가라앉히려 하면 그 순간 해야 할 일들이 끝없이 생각
난다. 겉으로는 평온해도 머릿속에서는 걸어야 할 전화, 끝내야 할 일,
가야 할 곳이 계속 맴돈다. 그럴 때에는 감각에 온전히 자신을 맡겨보
라. 바깥세상을 억지로 차단하는 대신 거기에 푹 잠겨보는 것이다.

자리에 앉아도 좋고 잠시 바깥으로 나가 걸어도 좋다. 이 단락을 읽
은 후에는 두 눈을 감고 감각의 촉수를 세워보자. 명상 수행가 람 다스
Ram Dass는 "조용히 입을 다물수록 더 많이 들을 수 있다"라고 하였다. 바
깥에서 새가 울고 있는가? 개가 짖는가? 나뭇잎들이 바스락 소리를 내
는가? 피부에 닿는 공기를 느껴보라. 그 공기는 차가운가, 따뜻한가?
부드러운가, 거친가? 촉촉한가, 건조한가? 팔과 얼굴에 닿는 바람이
느껴지는가? 공기의 냄새도 맡아보라. 커피 냄새가 나는가? 아니면 누
군가의 향수 냄새가 들어오는가? 침묵 상태에서 느낄 수 있는 것이 참
으로 많지 않은가?

이렇듯 감각으로 주변을 느끼는 동안 혹시 내일 처리해야 할 일을 걱
정하지는 않았나? 남편이 결혼기념일을 잊었다는 것이 떠올라 화를 내
지는 않았나? 무례한 대접을 받았던 순간이 떠오르지는 않았나?

"우리는 움직이는 가운데 멈춰 있는 법을 배워야 합니다. 또한 휴식
하면서도 활기차게 움직이는 법도 배워야 합니다." 인디라 간디Indira
Gandhi의 말이다. 가만히 앉아 감각을 총동원하여 삶의 진동이 우리 마
음에 최대한 파고들 기회를 주어야 한다. 그러다 보면 언제든 원할 때

마다 생각을 지우고 보고 듣고 냄새 맡고 맛보는 것에 집중하며 감각에 자기 자신을 맡길 수 있게 된다.

프란츠 카프카Franz Kafka는 그 과정에 대해 이렇게 설명하기도 했다. "방을 나설 필요도 없다. 그저 자리에 앉아 귀를 기울여라. 아니, 귀를 기울일 것도 없이 그냥 기다려라. 아니, 기다릴 것도 없이 혼자 가만히 있으면 된다. 세상이 가면을 벗고 자기를 드러낼 것이다. 기쁨에 차서 당신에게 다가올 것이다."

세상이 가면을 벗고 기쁨에 차서 다가온다니 참으로 멋진 경험이 아닌가? 자, 이제 책을 내려놓고 5분 동안 감각에 자신을 맡겨보라.

# 서둘지 말고 지금 행복하라

길을 잃었을 때 더 빨리 달리는 것은 인간 본능의 아이러니다. _로로 메이Rollo May, 철학자

'여기, 저기, 오만 곳' 대신 '여기'에 존재하기 위해 어떤 전략을 택할 작정인가? 백 가지 일을
동시에 하면서 무엇 하나 제대로 해내지 못하는 상황이라면 일단 중단하라. 생각을 닫고 감
각을 열어라. 걱정을 잊고 가만히 자리에 앉아 아무것도 하지 않은 채 감각에 몸을 맡겨라.
시계 따위는 무시하고 지금 있는 곳에 존재하라. 자, 어떤가? 훨씬 나아지지 않았는가?
자리에 앉아 가만히 휴식을 취해보라. "젊은이는 너무 늦게 가다가 무언가를 놓칠까 봐 조바
심을 낸다. 늙은이는 너무 서둘러 가다가 모든 것을 놓칠 수 있다는 것을 안다." 작가 데이비
드 피터슨David Peterson의 이 말을 음미해보라.

## 😕 혼란 상태

**서두르기**
"어서 움직여야 해! 15분 전에는
출발해야 했어! 왜 이렇게
꾸물거리는 거니?"

**종일 달려가기**
"면허증을 갱신하러 가는 길에
약국에 들르고 사진 현상한 것도
찾아와야겠어."

**모든 것을 하려 들기**
"나를 위한 시간은 1분도 없어. 너무
바빠서 확 돌아버릴 것 같아!"

**여기, 저기, 오만 곳에 있기**
"톰, 지금은 엄마한테 말을 걸지 마라.
머릿속이 너무 복잡해. 저녁 먹으면서
얘기하도록 하자."

**시계에 종속되기**
"10시까지 수영장에 가서 한 시간
정도 보내다가 11시부터 3시까지
쇼핑을 하고 집에 3시
반에 돌아오는 거야.
그 다음에는……."

## 💡 집중 수행 상태

**지금 행복하기**
"자, 차에서 내리는 걸 도와주마. 그
새 원피스를 입으니 정말 예쁘구나."

**바쁜 와중에도 여유를 가지려
노력하기**
"15분 동안 여유 있게 커피를
즐겨야지. 그리고 나서 남은 일을
처리해야겠다."

**아무것도 하지 않기**
"1분만이라도 의무를 다 벗어버리고
나니 정말 좋다. 벌써 이만큼 충전된
느낌이야."

**지금 있는 곳에 존재하기**
"그래, 오늘은 연극 연습이 어땠니?
궁금하구나."

**시계에서 벗어나기**
"아침을 다 먹고 나서 수영장에 가고
싶은 기분이 들면 움직이자, 좋지?"

# 49 —— 어느 쪽을 바라보는가에 달렸다

**눈앞의 삶을 더 흥미진진하게 바라보라.**

**사람들, 물건들, 문학작품, 음악…….**

**세상은 아름다운 영혼과 보물 같은 일들로 가득하다.**

헨리 밀러Henry Miller, 작가

밀러의 말에 한마디 보태자면 마음의 눈으로 바라보아야 흥미진진
해진다는 것이다. 지극히 평범한 일도 더 이상 평범하게 보이지 않는
다. 언제든 원한다면 멋진 순간을 보낼 수 있다.

공무원이라고 밝힌 한 워크숍 참석자는 "의식하지 않으면 삶이 아
니다"라는 메모를 써서 사무실 책상과 집안 냉장고에 붙여두었다고 했
다. 그는 22년이나 한 직장에서 일을 했고 진작 퇴직하고 싶었지만 더
많은 연금을 받기 위해 억지로 계속 출근하는 중이라고 했다. "집중 수
행 워크숍에 참석하면서 출근해서 퇴근하기까지 쳇바퀴 도는 제 일상
에 생각보다 훨씬 더 많은 것이 존재한다는 걸 배웠답니다. 오랫동안
제가 그 모든 것을 무시했던 거지요. 이제는 주변을 더 잘 바라보려 합
니다. 직장생활이 싫다는 생각에 집중하기보다는 직장에서 누리는 행
복에 집중하려는 거지요. 결국 제가 바라보기에 달렸으니까요."

브라보! 이 사람은 "우리는 마음먹은 만큼 행복하다"라는 에이브러햄 링컨Abraham Lincoln의 철학을 그대로 실천하며 사는 셈이다.


**다시 한 번 보기 위해 눈을 크게 뜨면**
**그저 당연하다고 생각하는 마음이 한순간에 사라진다.**

프레데릭 프랑크Frederick Franck, 미술가


기분이 축 처져 있는가? 그렇다면 시선이 아래쪽이나 안쪽을 향해 있는 것이 아닌지 확인해보라. 고개를 들면 영혼도 따라 올라간다. 시선을 위로 하면 기분도 떠오른다. 그렇게 위쪽을 보면서 계속 우울해하기란 쉽지 않다.

얼마 전, 이런저런 사정으로 몇 번 취소되곤 했던 친구와의 점심 약속이 어렵게 성사된 날이었다. 우리는 산 중턱에 자리 잡은 식당에서 멋진 전망을 바라보며 밥을 먹었다. 친구는 사십대 중반인데도 아직 짝을 만나지 못했다고 내내 우울해했다. 언젠가는 딱 맞는 사람을 만나 가정을 꾸리고 아이를 낳으려 했는데 이제 다 틀린 일 같다는 것이다.

나는 친구의 고민을 무시하고 싶지 않았다. 하지만 친구의 삶에 긍정적인 측면이 얼마나 많은지도 알려주고 싶었다. 그래서 "잠시 입을 다물고 눈을 들어봐. 주변을 한번 둘러봐"라고 말했다. 친구는 의자에 등을 기대고 앉아 창밖을 바라본 후 다시 내게 궁금하다는 듯 시선을 던졌다.

"뭘 봤는지 말해봐."

"산이 보였어."

"구체적으로 설명해봐."

"보라색, 주황색 꽃이 가득 피었네. 초록빛 나무들이 우거져 있고……."

친구는 길게 풍경을 묘사했다.

"이제 기분이 어때?"

친구는 미소 지으며 대답했다.

"훨씬 좋아졌어."

인생이 한탄스러울 때 우리는 고개를 축 늘어뜨리고 엉거주춤한 자세를 취한다. 내면의 부정적 감정만 바라보면서 말이다. 이제부터는 그 순간 하늘을 올려다보는 것이 어떤가. 시선을 위쪽으로 보내기만 해도 좌절감에서 벗어날 수 있다.

## 의식하며 바라보기

겉보기는 그럴듯하지만 내용은 부실하다. _탈룰라 뱅크헤드Tallulah Bankhead, 배우

뱅크헤드의 말과 반대로 우리 주변에는 얼핏 보기는 별것 아니어도 실제로는 굉장한 것들이 훨씬 많다. 하던 일을 멈추고 주변을 의식적으로 바라보라. 빈센트 반 고흐Vincent van Gogh 도 "오래 바라보면 더 깊이 이해할 수 있고 성숙해진다"라고 말했다.

얼마나 오랫동안 바라봐야 하냐고? 주변을 둘러싼 물건들이 더 이상 당연하지 않고 경이로 운 존재로 다가올 때, 즉 바라보기가 마침내 집중 수행으로 넘어갈 때까지 보면 된다. 그리 고 "왔노라, 보았노라, 집중 수행하였노라"라고 외쳐보라.

### ⑤ 혼란 상태

**주변을 무시하기**
"세 시간이나 기다려야 한다고? 정말 지루한 일이야."

**일상의 기적을 보지 못함**
"그저 앉아서 기다려야 한다는 건 끔찍한 시간낭비야."

**마음속에 분노를 장전하기**
"여행사에서 이렇게 항공 스케줄을 엉망으로 짜주다니 화가 나서 미칠 지경이야!"

### ⑤ 집중 수행 상태

**주변을 의식하기**
"세 시간이 생겼네. 그럼 공항을 좀 탐험해볼까?"

**일상의 기적에 감사하기**
"공항에 박물관이 있는지 미처 몰랐어. 살펴봐야겠다."

**새로운 발견을 즐기기**
"오, 열 대가 넘는 비행기들이 세계 각지로 출발하기 위해 대기 중이군. 그중에서 내가 가보고 싶은 곳은 어디일까?"

# 50 —— 나는 나의 몸에 어떤 말을 하는가?

**건강한 몸과 건강한 마음.**

**짧막한 이 표현 안에 세상의 행복이 다 담겨 있다.**

존 로크John Locke, 철학자

    당신은 존 로크의 견해에 동감하는가? 아니면 '육체는 두뇌를 운반하는 도구일 뿐'이라고 평가 절하한 발명가 토머스 에디슨Thomas Edison과 의견을 같이 하는가?

    심장 전문의인 폴 더들리 화이트Paul D. White는 신체와 마음이 긴밀히 연결되어 있다고 설명한다. "정신적, 영적 건강은 신체 건강을 크게 좌우합니다. 신체와 마음, 그리고 영혼은 떼어내기 어려울 정도로 결합되어 있으므로 그중 하나에 유익하거나 유해한 영향을 미치면 그 영향이 곧 전체로 파급됩니다."

다시 삶을 살 수 있다면 최소한 일주일에 한 번은
시를 읽고 음악을 들을 것이다. 그렇게 하면 지금처럼
두뇌 일부분이 위축돼버릴 일도 없을 테니까.

찰스 다윈Charles Darwin, 생물학자


나이 때문에 지루한 사람이 되는 것이 아니다. 지루함 그 자체 때문에 지루한 사람이 되는 것이다. 나이 들어 정신이 흐려지는 것이 아니라 정신을 사용하지 않기 때문에 정신이 흐려지는 것이다.

인간의 지능은 두 종류로 나뉜다. 두뇌의 작동 방식과 관련된 하드웨어적 측면인 유동성 지능fluid intelligence, 그리고 추론이나 문제 해결 능력 등 소프트웨어에 해당되는 결정성 지능crystalized intelligence이 그것이다. 우리 두뇌는 복잡한 문제에 당면해 그 모호함을 풀어내고 정보를 떠올리도록 하는 지적 도전을 계속 맞닥뜨리게 되면 이 두 가지 종류의 지능이 모두 발달될 수 있다고 한다. 흔히 청년기에 절정에 이른 지적 기능이 이후에는 하락세를 보일 거라고 생각하지만, 어떤 활동을 어떻게 하느냐에 따라 지능은 그 이후에도 얼마든지 높아질 수 있다.

일흔 살의 인류학자 애슐리 몬태규Ashley Montagu는 나이 들어가는 사람들에게 어떤 조언을 하겠느냐는 질문에 눈을 찡긋거리며 이렇게 말했다. "가능한 한 늦게, 하지만 젊은 채 죽어야 합니다." 어떻게 이것이 가능할까? 간단하다. 지적 능력을 요구하는 활동을 계속하면 된다.

단순한 것부터 시작하자. 지하철이나 버스를 타고 이동할 때 간단하게 할 수 있는 놀이도 있다. 아무 글자 하나를 골라 그 글자로 시작하는 단어 스무 개를 신속하게 떠올리는 것이다. 예를 들어 '소'자를 골랐다고 하면 "1. 소리, 2. 소원, 3. 소나기, 4. 소식지……"와 같이 번호를 붙여가며 생각해내면 된다. 십자낱말풀이도 좋다. 인터넷 체스 게임도, 새로운 외국어 학습도 지적 능력을 키워주는 요긴한 방법이 된다.


## 나는 나를 보살핀다. 나한테는 나 하나밖에 없으니까.

그루초 막스Groucho Marx, 코미디언


우리 몸을 어떻게 다루는지, 우리 몸에게 어떤 말을 하는지에 따라 우리의 신체적 건강이 좌우된다. 《우리 몸은 모든 말을 다 믿는다Your Body Believes every Word You Say》라는 책을 쓴 바버라 호버먼Barbara Hoberman에 따르면, 우리가 하는 말이 몸과 마음의 건강에 결정적이라고 한다. 무심결에 "이 무릎은 결국 고장이 날 거야", "그 애가 내 심장을 갈가리 찢어놓았어"라는 식의 말을 하다 보면 결국 무릎이나 심장에 병이 생긴다는 것이다.

자신이 하는 말을 잘 살피고 파괴적인 혼잣말을 건설적으로 바꾸는 것은 이토록 중요하다. 당신의 삶, 두뇌, 신체에서 마음에 안 드는 점이 무엇인지, 그것에 대해 당신이 어떤 말을 해왔는지 점검해보자. 아무 생각 없이 한 말이 무의식중에 우리 몸에 작용한다는 점을 기억하라.

# 51 ── 내 인생에서 가장 중요한 세 가지

**시간은 삶의 동전이다. 동전은 하나뿐이고**
**어떻게 사용할지는 당신이 결정한다.**
**다른 사람이 당신의 동전을 멋대로 사용하지 않도록 조심하라.**

칼 샌드버그Carl Sandburg, 시인


실제로 우리는 하루에도 수없이 이 동전을 어떻게 사용할지 선택의 기로에 선다. 우리 T.I.M.E.(생각, 관심, 순간, 감정)를 누구에게, 혹은 무엇에 줄 것인가.

지금까지 이 책은 다양한 상황에서 '어떻게' 집중 수행할 수 있는지에 초점을 맞추었다. 그런데 '무엇에' 집중 수행할 것인가도 그에 못지않게 중요하다. 엉뚱한 데다 T.I.M.E.를 쓰고 있다면 결국 후회스러운 인생을 살 것이기 때문이다.

이 장의 핵심은 "내 T.I.M.E.를 어떻게 사용하고 있는가?"라는 질문을 스스로에게 던지는 것이다. 이와 함께 내 우선순위는 무엇인지, 그 우선순위에 제대로 집중 수행하고 있는지 또한 점검하게 될 것이다.

이를 위해 제일 먼저 해야 할 일은 다음 일주일 동안 당신이 무엇을 하면서 시간을 보내는지 기록하는 것이다. 이것은 참으로 중요한 연습이다. 월요일부터 일요일까지 당신이 직장에서, 집에서 어떻게 시간을 보내고 있는지 꼼꼼히 적어보라.


**내가 열 개쯤 되면 좋겠다.**

**그러면 하고 싶은 일을 다 할 수 있을 텐데.**

조지 루카스George Lucas, 영화감독


당신도 자신이 열 개쯤 되면 좋겠다고 생각하는가? 애석하게도 우리 몸은 하나뿐이다. 그러므로 우선순위를 정해 중요한 일부터 집중해야 한다.

당신의 인생 목표는 무엇인가? 매일의 삶을 관통하는 당신 존재의 의미를 정리해두었는가? 이미 한 문장으로 정리한 상태라면 더없이 좋다. 그러나 그렇지 못하다면 마음 깊숙한 곳에서부터 인생의 목표를 끌어내야 한다. 당신에게 중요한 것들을 다 적어본 후 핵심을 한 문장으로 표현하는 것도 한 방법이다.

참고로 내 인생의 목표를 소개하면 다음과 같다. "내 목표는 가족, 친구들과 건강하고 행복하게 살면서 가능한 한 많은 사람들에게 긍정적인 변화를 이끌어내는 것이다." 몇 년 전에 만들어 다듬어놓은 이 문장을 나는 내 책상 앞에 붙여두고 하루에도 십여 차례 읽곤 한다.

이제 당신의 삶에서 가장 중요한 세 가지를 뽑아보자. 아마도 건강, 배우자, 자동차, 자녀, 직장, 부모님, 친구들, 여가, 종교생활, 집, 돈, 취미, 개인적 성장, 정치, 음식, 교육, 성생활 중에서 고를 수 있을 것이다.

그 다음에는 당신이 한 주 동안 기록한 T.I.M.E. 사용일지를 검토하라. 중요하다고 뽑았던 세 가지에 집중되어 있는가? 혹시 주말 저녁에 어떤 영화를 볼까 생각하며 대부분의 시간을 보내고 있지는 않은가? 가족, 건강, 신앙을 뽑았으면서도 실제로는 일 중심으로만 삶이 돌아가고 있지 않은가?

# 52 ── 마음이 시키는 대로 살 수 있다

**기차를 잘못 탔다면 반대 방향의
기차 통로로 달려가 봤자 소용없다.**

디트리히 본회퍼Dietrich Bonhoeffer, 신학자, 반 나치 운동가

당신의 T.I.M.E. 사용일지와 당신의 인생에서 가장 중요한 세 가지
가 어긋나 있다면 어떻게 할 것인가? 이제까지 힘껏 달려왔지만 잘못
된 방향이었음을 알게 되었다면?

만약 그렇다면 그 길에서 빠져나와 당신 마음이 원하는 쪽으로 방향
을 돌려야 한다. 최근 내 친구 하나는 결혼생활을 청산하고 멀리 떠나
신학을 공부하기 시작했다. 독실한 기독교 신자인 친구들이 이혼은 죄
악이라고 만류했고 그때까지 성공적으로 운영해오던 사업도 접어야 했
지만, 사십대 후반의 친구는 마음이 원하는 방향으로 기꺼이 돌아섰다.

당신은 이 정도로 극단적인 상황은 아닐 것이다. 어쩌면 원하는 방식
대로 T.I.M.E.를 쓰고 있지는 못하지만, 그렇다고 자기 자신이 인생의
방향을 틀 권리나 자유는 갖고 있지 않다고 느낄지도 모른다. 그렇다
면 삶에서 정말 중요한 한 가지를 선택해 인생의 10%만 투자하라. 그
10%가 나머지 90%의 삶을 보상해줄 수 있다.

그 한 가지를 선택하는 일도 쉽지는 않다. 내가 추천하는 방법은 오래 생각할 것 없이 바로 마음에 떠오르는 대로 말하는 것이다. 그 생각이 대체로 가장 정확하게 자신이 원하는 바를 드러내는 법이다. 다음 순서에 따라 가장 먼저 마음에 떠오르는 것을 적어보라.

1 "원하면서 현재 하고 있는 일은 무엇인가?"라는 질문에 바로 떠오르는 답을 1번 칸에 적어라.
2 "원하지만 현재 하지 못하는 일은 무엇인가?"라는 질문에 바로 떠오르는 답을 2번 칸에 적어라.
3 "원하지 않지만 현재 하고 있는 일은 무엇인가?"라는 질문에 바로 떠오르는 답을 3번 칸에 적어라.
4 "원하지 않아 현재 하고 있지 않은 일은 무엇인가?"라는 질문에 바로 떠오르는 답을 4번 칸에 적어라.

|  | 원하는 것 | 원하지 않는 것 |
|---|---|---|
| 하고 있는 것 | 1 | 3 |
| 하고 있지 않은 것 | 2 | 4 |

몇 분 동안의 여유를 둔 뒤 다시 한 번 네 단계를 거치면서 위의 표에 내용을 덧붙여라. 이 두 번째 과정에서 떠오르는 생각들도 중요한 단서

가 될 수 있다.

표가 다 채워졌으면 1번과 4번의 내용을 살펴라. 당신의 삶을 제 궤도로 유지시켜주는 것들이 여기에 있다. 앞으로도 계속 유지하라. 이번에는 2번과 3번의 내용을 보라. 삶에서 무엇이 잘못되었는지, 궤도에서 어긋난 것이 무엇인지 확인할 수 있을 것이다. 원하는 대로 살아가려면 그중 한가지에는 T.I.M.E.를 할애해야 한다.

당신의 인생 목표에 따라 집중 수행 대상을 정하는 것은 이기적인 일이 아니다. 오히려 현명한 행동이다. 인생 목표에 맞지 않은 소모적인 일을 거부하는 것이 무례한 짓일까 봐 걱정할 필요도 없다. 그것은 분명 옳은 행동이다.


## 마음이 이끄는 대로 생각하고
## 가슴이 이끄는 대로 느끼는 사람은 거의 없다시피 하다.

앨버트 아인슈타인Albert Einstein, 물리학자


당신의 T.I.M.E. 사용일지를 다시 살펴보라. 의무를 다하며 남들을 위해 보내는 시간이 얼마나 많은가? 해야만 하는 일들에 들이는 시간이 얼마나 많은가? 아마 당신이 평균치에 가까운 사람이라면 60~90%에 달할 것이다.

그렇다면 정말로 원하는 일을 하나쯤은 선택해 시작할 수 있어야 공평하지 않겠는가? 오로지 당신 자신을 위해 하고 싶은 그 한 가지 일이 무엇인가? 앞서 채워둔 표에서 2번과 3번 칸에 적힌 내용을 살펴보라.

좋아하지만 최근에 시간이 없어 못했던 일은 무엇인가? 꼭 한번 해보고 싶지만 남들의 시선이 두려워 엄두를 내지 못했던 일은?

그 일이 무엇인지 분명해졌다면 머뭇거리지 말고 바로 시작하라. 당장 전화를 걸어 무용학원에, 스포츠클럽에 등록하라. 관성에서 벗어나 당신의 인생 목표에 맞는 한 가지 일을 하기 시작하라.


## 행복하려면 자기 자신에게 정신적으로 충실해야 한다.

토머스 페인Thomas Paine, 사상가


"말씀처럼 쉬운 일은 아니에요. 저만 바라보는 사람들이 많답니다. 거기다 대고 '미안하지만 내가 하고 싶은 일을 하겠어요'라고 말할 수는 없어요." 한 부인의 말이다.

지금 나는 모든 책임을 다 벗어버리고 원하는 대로 살자는 것이 아니다. 자신보다는 남들의 우선순위에 맞춰 살아가는 상황에서 조금이라도 균형을 맞춰보자는 것이다. 자기가 진심으로 원하는 일을 둘도 아니고 하나만 시작하자는 것이다.

내가 원하는 바와 남들이 원하는 바가 충돌한다면 어떻게 해야 할까? 이때 우리는 기꺼이 자신을 위할 줄 알아야 한다. 나의 워크숍에 참석했던 한 남성은 의사가 되라는 부모님의 뜻과 달리 배우를 꿈꾸었다. 그는 학창 시절에 줄곧 무대에 섰지만 결국은 부모님의 뜻을 따라야 할지, 자신이 원하는 길로 가야 할지 선택해야만 했다.

선택의 순간 그는 "누구의 인생인가?"라는 질문을 던졌다고 한다. 배우의 길을 선택한 그는 부모의 지원을 받지 못했고 생계를 위해 요리사 보조로 일해야 했다. 안타깝게도 배우 오디션에는 거듭 떨어졌지만 요리사로서의 재능을 발견한 그는 그 방향으로 성공했고, 지금은 행복하게 산다고 털어놓았다. 의사는 역시 자기 길이 아니었다고도 덧붙였다.

# 당신만을 위해 T.I.M.E.를 쓰고 있는가?

행복하려면 두 가지 원칙을 따르면 된다. 관심 있고 잘하는 일을 찾아라. 그리고 거기에 영혼을 바쳐라. 능력과 열정, 에너지를 한 점 남김없이 쏟아야 한다. _존 록펠러 3세John Davison Rockefeller III, 기업인

당신은 관심 있는 일에 집중 수행하고 있는가? 타고난 능력을 활용하며 영혼이 노래할 수 있는 일을 하는 중인가? 아니면 해야 하는 일에 짓눌려 하고 싶은 일에 대해서는 생각할 여유조차 없는가?

당신을 행복하게 해주는 한 가지 일을 찾아 당장 이번 주부터 시작하라. 그리고 당신의 우선순위에서 가장 중요한 일에 집중 수행하라.

---

## 혼란 상태

**T.I.M.E.를 어떻게 써야 할지 모름**
"시간 사용 일지를 쓰라고? 안 그래도 바빠 죽겠는데 무슨!"

**존재 이유가 분명하지 않음**
"은퇴할 때까지 직장에 붙어 있을 거야. 그 다음에는 원하는 걸 할 수 있는 돈과 시간이 있겠지."

**원치 않는 것을 하기**
"내가 기금 마련 위원회를 왜 맡은 거지? 내 시간을 몽땅 집어넣어도 부족할 지경이야."

**원하는 것을 하지 않기**
"내 사업을 시작하고 싶긴 해. 회사 생활은 이제 지겨워."

**다른 사람의 우선순위에 집중하기**
"테드가 회사 볼링 클럽에 가입해달라고 했지. 목요일마다 아이들을 태워다줘야 하는데……."

## 집중 수행 상태

**T.I.M.E. 쓰는 법을 알기**
"내가 어떻게 시간을 보내고 있는지 파악하는 데 한두 시간은 투자할 가치가 있지."

**존재 이유가 분명함**
"난 의미 있는 삶을 살고 싶어. 그리고 아이들과 공동체에 훌륭한 사람으로 기억되고 싶어."

**원하는 것을 하기**
"도와줄 자원자를 찾으면 거기에 시간을 좀 덜 써도 되겠지."

**원하지 않는 것을 하지 않기**
"앞으로 빚은 내지 않겠어. 갚는 데 5년이나 걸렸잖아."

**자신의 우선순위에 따라 집중하기**
"볼링 클럽 가입은 거절하자. 아이들이 더 중요해."

# 미래는 내일이 아닌
# 오늘 시작된다

누구든 어린 시절에는 문이 열리고
미래가 들어오는 순간이 있다.

그레이엄 그린Graham Greene, 작가

나는 이 책이 당신의 더 나은 미래를 열어주는 문이기를 바란다. "이 우주에서 당신이 개선할 수 있는 곳은 단 하나, 당신 자신이다"라고 올 더스 헉슬리Aldous Huxley는 말했다. 이 책이 제안한 내용을 참고하여 언제 어디서든 집중 수행할 수 있길 바란다.

마음이 내키지 않을 때에도 5분 집중력 연습, 시야 좁히기, 미루는 습 관 버리기 등을 동원해 스스로를 독려하라. 주저앉지 말고 일어나 움직 여라. "미래를 알고 싶으면 지금 하고 있는 일을 보라"라는 티벳 속담이 있다. 당신이 지금 하고 있는 생각이 당신의 미래다. 그러므로 원하는 것을 원하는 때, 원하는 만큼 집중할 수 있도록 마음을 단련해야 한다.

70회 생일을 맞은 TV 진행자인 프레드 로저스Fred Rogers에게 기자가 소감을 물었다. "난 생일이나 무슨 기념일을 떠들썩하게 치르지 않아요. 그보다는 삶의 작은 순간, 고요한 시절을 더 생각하지. 사람들이 '다음에는 뭐 하죠?'라고 물으면 '지금이 다음이야'라고 대답해요."

참으로 현명하지 않은가. 지금이 다음이다. 지금 여기의 작은 순간에 초점을 맞춰라. 서둘러 달려가는 삶은 진정한 만족과는 거리가 멀다는 것을 기억하라.

극작가 톰 스타파드Tom Stoppard는 "모든 출구는 어딘가의 입구이다"라고 하였다. 집중 수행이 더 생산적이고 만족스러운 삶으로 이어지는 입구가 되기를 바라면서 이제 책을 마치려 한다. 부디 집중 수행을 통해 가슴 뛰는 삶이 이어지기를 기원한다.

우리가 뛰어넘어야 할 장애물은 우리 자신이다.

_마이클 맥클루어Michael McClure, 작가

# 집중력, 마법을 부리다

초판 1쇄 발행 2012년 5월 10일
개정판 1쇄 발행 2017년 12월 11일

지은이 • 샘 혼
옮긴이 • 이상원

펴낸이 • 박선경
기획/편집 • 김시형, 이지혜, 한상일, 남궁은
마케팅 • 박언경
표지 디자인 • 별을 잡는 그물
본문 디자인 • 성인기획, 별을 잡는 그물
제작 • 디자인원(031-941-0991)

펴낸곳 • 도서출판 갈매나무
출판등록 • 2006년 7월 27일 제395-2006-000092호
주소 • 경기도 고양시 덕양구 은빛로 43 은하수빌딩 601호
전화 • 031)967-5596
팩스 • 031)967-5597
블로그 • blog.naver.com/kevinmanse
이메일 • kevinmanse@naver.com
페이스북 • www.facebook.com/galmaenamu

ISBN 978-89-93635-86-7/03190

값 14,000원

이 도서의 국립중앙도서관 출판예정도서목록(CIP)은 서지정보유통지원시스템 홈페이지
(http://seoji.nl.go.kr)와 국가자료공동목록시스템(http://www.nl.go.kr/kolisnet)에
서 이용하실 수 있습니다.(CIP제어번호: CIP2017029246)